财务轻松学系列

财务分析轻松学

周龙腾◎编著

中国宇航出版社
·北京·

图书在版编目（CIP）数据

财务分析轻松学／周龙腾编著．--北京：中国宇航出版社，2013.5

（财务轻松学系列）

ISBN 978-7-5159-0415-3

Ⅰ．①财… Ⅱ．①周… Ⅲ．①会计分析－基本知识 Ⅳ．①F231.2

中国版本图书馆 CIP 数据核字（2013）第 090428 号

策划编辑　董　琳　　封面设计　文道思
责任编辑　马　航　李书梅　　责任校对　许　磊

出版发行　中国宇航出版社
社　址　北京市阜成路 8 号　　邮　编　100830
(010)68768548
网　址　www.caphbook.com
经　销　新华书店
发行部　(010)68371900　　(010)88530478(传真)
(010)68768541　　(010)68767294(传真)
零售店　读者服务部　　北京宇航文苑
(010)68371105　　(010)62529336
承　印　北京嘉恒彩色印刷有限公司
版　次　2013 年 5 月第 1 版　　2013 年 5 月第 1 次印刷
规　格　880×1230　　开　本　1/32
印　张　4.75　　字　数　168 千字
书　号　ISBN 978-7-5159-0415-3
定　价　24.80 元

前言

财务分析是以会计核算和报表资料及其他相关资料为依据，采用一系列专门的分析技术和方法，对企业等经济组织过去和现在的有关筹资活动、投资活动、经营活动、分配活动的盈利能力、营运能力、偿债能力和增长能力状况等进行分析与评价的经济管理活动。

美国著名财务专家亚伯拉罕·比尔拉夫曾经说过："财务报表犹如名贵香水，只能细细品尝，不能生吞活剥。"这句话既道出了财务分析在企业决策中的重要性，同时，也说明财务分析工作其实并非易事，它既需要耐心，也需要相应的专业能力。

财务分析作为一项专门的技术，看似简单的三张报表，实则浓缩了企业的整个经营过程，隐藏了许多重要信息。如何从一个个阿拉伯数字中找寻自己需要的信息实非易事。有鉴于此，我们编写了本书，希望化繁琐为简易，追求图文并茂、学中有乐的教学效果。

在资本市场日益发达的今天，财务分析能力不仅是从事财务工作专业人员的基础技能，也已经成为企业管理者的一项必备技能。我们不难看到，有越来越多的首席执行官是从财务领域升任的。这一现象或许可以解读为：在今日竞争愈加激烈且艰难的环境中，企业比以往任何时候更重视财务表现，企业也希望越来越多的 CEO 能将他们的财务特质融入其领导风格中。

本书在内容展示及组织形式上与其它教材风格迥异，希望您通过它发掘兴趣所在，掌握必备的财务分析技能，并在生活及工作中学有所长、学有所用。

本书无论在编写内容上还是在编写形式上均做了新的尝试，但由于作者的水平和实践经验有限，书中难免存在疏漏之处，恳请读者批评指正。

作　者

2013 年 5 月

目录

第一章 财务分析概述

第二章 财务分析的基本方法

第三章 企业财务的时态分析

第四章　处在天平的两端——解读资产负债表

第五章　利大于天——解读利润表

第六章　现金为王——解读现金流量表

第七章　所有者权益变动表

第八章　会计报表综合分析

财务分析概述

财务分析是以会计核算和报表资料及其他相关资料为依据，采用一系列专门的分析技术和方法，对企业等经济组织过去和现在的有关筹资活动、投资活动、经营活动、分配活动的盈利能力、营运能力、偿债能力和增长能力状况等进行分析与评价的经济管理活动。它为企业的投资者、债权人、经营者及其他关心企业的组织或个人了解企业过去、评价企业现状、预测企业未来做出正确决策提供准确的信息或依据。

在这一章，你将会知道

◇ 财务分析的定义和内涵。

◇ 财务分析的原则及注意事项。

◇ 财务分析的目的和作用。

◇ 财务分析的基本程序。

◇ 财务分析的信息基础。

◇ 财务分析的方法简介。

定义和内涵

财务分析是以会计核算和报表资料及其他相关资料为依据，采用一系列专门的分析技术和方法对企业等经济组织过去和现在的有关筹资活动、投资活动、经营活动的偿债能力、盈利能力和营运能力状况等进行分析与评价，为企业的投资者、债权者、经营者及其他利益相关者了解企业过去、评价企业现状、预测企业未来做出正确决策提供准确的信息或依据的经济应用学科。

一、理解财务分析须搞清的问题

要正确理解财务分析，必须搞清以下问题：

(1)财务分析是在企业经济分析、财务管理和会计基础上形成的一门综合性、边缘性学科。

(2)财务分析有完整的理论体系，内涵、目的、作用、内容、原则、形式、组织等都日趋成熟。

(3)财务分析有健全的方法论体系，既有一般方法和步骤，又有专门技术方法。

(4)财务分析有系统、客观的资料依据，除最基本的财务报表资料外，还参考管理会计报表、市场信息及其他有关资料。

(5)财务分析有明确的目的和作用，受财务分析主体和财务分析服务对象的制约。

二、财务分析的分类

财务分析的分类如表 1－1 所示。

表 1－1 财务分析的分类

按不同标准进行分类	财务分析
按财务分析的主体不同	内部分析和外部分析
按财务分析的对象不同	资产负债表分析、利润表分析、现金流量表分析、所有者权益变动表分析
按财务分析的方法不同	比较分析法、因素分析法、趋势分析法、比率分析法、综合分析法
按财务分析的目的不同	偿债能力分析、营运能力分析、获利能力分析、发展趋势分析、综合分析

三、财务分析的主要工作内容

财务分析的内容如表 1－2 所示。

表 1－2 财务分析的主要工作内容

主要工作	原因
资金运作分析 	根据公司业务战略与财务制度，预测并监督公司的现金流和各项资金的使用情况，为公司的资金运作、调度与统筹提供信息与决策支持
财务政策分析 	根据各种财务报表，分析并预测公司的财务收益和风险，为公司的业务发展、财务管理政策制度的建立及调整提供建议

（续表）

主要工作	原因
经营管理分析 	参与销售和生产的财务预测、预算执行分析、业绩分析，并提出专业的分析建议，为业务决策提供专业的财务支持
投融资管理分析 	参与投资和融资项目的财务测算、成本分析、敏感性分析等活动，配合上级制定投资和融资方案，防范风险，并实现公司利益的最大化
财务分析报告 	根据财务管理政策与业务发展需求，撰写财务分析报告、投资财务调研报告、可行性研究报告等，为公司财务决策提供分析支持

财务分析的原则及注意事项

在进行财务分析时，财务分析应注重以下原则，如图1－1所示。

- 财务分析的原则
  - 历史成本原则——注意不同时点信息的影响
  - 客观性原则——注意会计信息真实性问题
  - 重大性原则——注意重大、遗漏或错误信息
  - 相关性原则——注意财务信息与使用者的决策相关
  - 可比性原则
    - 注意财务信息在企业间的可比性
    - 注意同一企业财务信息在年度间的可比性
  - 及时性原则——注意企业提供财务信息的及时性
  - 明晰性原则——注意企业提供财务信息是否明晰、易于理解
  - 配比原则——注意企业一定时期收入与费用的配比问题
  - 稳健性原则——注意高估费用或低估资产、收入和利润的问题
  - 实质重于形式原则——注意重经济实质、轻法律形式

图1－1 财务分析的原则

总的来说，财务分析首先要全面地看问题。有时计算得出的数据具有不同的解释方法，这就要求投资者结合相关行业的特点、国家经济政策等背景知识进行分析，防止就事论事，片面地看问题。其次，要注意数据之间的相互联系，反对孤立地看待问题。对上市公司而言，其筹资能力、偿债能力、盈利能力都是相互联系的，在进行分析时应将相应的指标联系起来看。再次，要具有发展的眼光，防止静止不变地看待问题。分析上市公司的财务报表，就是在对上市公司过去和现在进行总结分析的基础上展望未来，分析该公司是否具有发展的潜力。此外，将定量分析与定性分析结合起来，坚持定量为主。定性分析是分析的基础和前提，没有定性分析就弄不清本质、趋势和与其他事物的联系。定量分析是分析的工具和手段，没有定量分析就弄不清数量界限、阶段性和特殊性。财务分析最忌讳没有数据支持，乱下结论，因此，应坚持定量为主。

财务分析的目的和作用

一、目的

财务分析的目的受财务分析主体和财务分析服务对象的制约，不同的财务分析主体进行财务分析的目的是不同的，不同的财务分析服务对象关心的问题也有所不同。各种财务分析主体的分析目的和财务分析服务对象所关心的问题，构成了财务分析主体的目的或财务分析的研究目标。

1. 从企业投资者角度看

无论企业所有者还是潜在投资者，他们进行财务分析的目的是看企业的盈利状况，从而了解资本的保值增值能力，判断企业的发展前景。此外，对企业所有者而言，财务分析也可以评价经营者的经营业绩，发现问题，以更好地行使股东权利。

2. 从企业的债权者角度看

债权者考虑到自身利益，其进行财务分析的主要目的，一是看其对企业的借款或其他债权是否能及时、足额收回，即研究企业偿债能力的大小；二是看债权者的收益状况与风险程度是否相适应，即将偿债能力分析与盈利能力分析相结合。

3. 从企业经营者角度看

企业经营者进行财务分析的目的是综合性的。经营者最关心的是企业财务状况的好坏、经营业绩的大小以及现金的流动情况。

4. 从与企业经营有关的企业看

如材料供应者、产品供应者等与企业经营有关的其他企业，进行财务分析的目的在于搞清该企业的信用状况，包括商业信用和财务信用。

5. 从国家行政管理与监督部门看

国家行政管理与监督部门进行财务分析的目的，一是监督、检查国家的各项经济政策、法规、制度在企业的执行情况；二是保证企业财务会计信息和财务分析报告的真实性、准确性，为宏观决策提供信息。

二、作用

财务分析在现代企业制度中有着深远的意义。从财务分析的服务对象看，财务分析不仅对企业内部的生产经营管理有重要作用，而且对企业外部投资决策、贷款决策、赊销决策等也有重要作用。从财务分析的职能作用看，它对于正确预测、决策、计划、控制、考核、评价都有着重要作用。总的来说，财务分析的主要作用体现在下列几个方面，如图 1－2 所示。

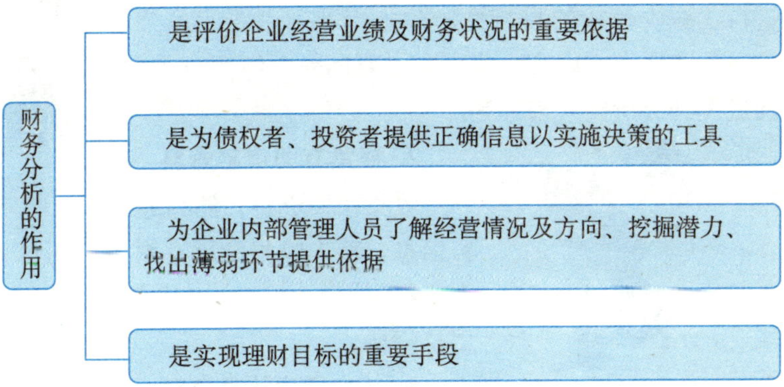

图 1－2　财务分析的作用

财务分析的基本程序

虽然不同主体和对象进行财务分析的目的不尽相同，但在进行财务分析时，一般要遵循一定的步骤，从而保证财务分析的科学性、严谨性，从而得到所需要的结果。具体步骤如图1－3所示。

图1－3　财务分析的步骤

1. 明确财务分析目标

确定分析目标，保证整个分析过程有计划、按步骤进行，减少分析的盲目性。在分析计划中要明确分析的目的和要求、内容、范围、主要问题、组织分工、时间进度和分析资料来源等。

2. 搜集有关信息资料

收集相关资料，储存分析信息，首先收集和储存财务分析的基本资料(如会计报表)，其次要收集相关信息资料。

3. 核实整理信息资料

在分析之前要对分析所需的资料进行认真检查，详细核实，对失实和虚假的资料要剔除，对一些不可比的资料进行科学的调整。

4. 选择合适的分析方法

建立分析模型，进行定性定量分析，明确不同因素对财务指标的影响。

5. 发现问题，得出结论

在定性定量分析的基础上，对企业的经营成果和财务状况做出全面综合的分析和评价，提出工作措施和方案。

财务分析的信息基础

一、财务分析信息的分类

进行财务分析的信息是多种多样的，不同的分析目的，不同的分析内容，所使用的财务信息是不同的。从不同的角度看，财务分析的种类是不同的，如表 1－3 所示。

表 1－3　财务分析信息的分类

不同标准	信息分类	具体信息
按信息来源分类	内部信息	会计信息、统计和业务信息、计划和预算信息
	外部信息	国家经济政策和法律法规、综合部门发布的信息、中介机构信息、报纸杂志信息、企业交换的信息、国外有关信息
按取得时间的确定性程度分类	定期信息	会计信息、统计信息、综合经济部门的信息、中介机构信息
	不定期信息	宏观经济政策信息、企业不定期交换信息、国外经济信息、主要报纸杂志信息
按实际发生与否分类	实际信息	反映各项经济指标实际完成情况的信息
	标准信息	作为评价标准而搜集和整理的信息，如经验标准、历史标准、行业标准、预算标准等

二、政策与市场信息

政策法规信息，主要包括经济体制方面的政策、宏观经济政策、产业政策；市场信息，包括综合部门发布的信息、证券市场的信息、其他市场的信息、企业交流的信息以及其他有关信息。

三、财务报告

财务报告是反映企业财务状况与经营成果、现金流量等会计信息的文件，主要包括会计报表、会计报表附注以及财务情况说明书。

会计报表包括资产负债表、利润表、现金流量表和所有者权益变动表。会计报表附注包括企业的一般情况、会计假设、会计政策变更事项、报表项目注释、分部信息以及重要事项揭示等内容。财务情况说明书是对一定会计期间的财务、成本情况进行分析总结的书面文字报告，是企业简要的财务分析报告。

四、审计报告

注册会计师审计报告是进行财务分析的重要信息，它可以向财务分析师提供财务报告表述的独立性、权威性意见。对于所审计的财务报告，注册会计师可以提出四种意见：

(1)不附条件的意见，又称无保留意见。

(2)附条件的意见，又称有保留意见。

(3)反面意见。

(4)放弃发表意见。

财务分析的方法简介

一、基本分析法

1. 比较分析法

比较分析法是为了说明财务信息之间的数量关系与数量差异，为进一步的分析指明方向。这种比较可以是将实际与计划相比，可以使本期与上期相比，也可以是与同行业的其他企业相比。

2. 因素分析法

因素分析法是依据分析指标与其影响因素之间的关系，按照一定的程序和方法，确定各因素对分析指标差异影响程度的一种技术方法。

3. 趋势分析法

趋势分析法是将两期或连续数期财务报告中相同指标进行对比，确定其增减变动的方向、数额和幅度，以说明企业财务状况和经营成果的变动趋势的一种方法。

二、比率分析法

比率分析法是指利用财务报表中两项相关数值的比率揭示企业财务状况和经营成果的一种分析方法，主要包括获利能力比率、偿债能力比率、成长能力比率、周转能力比率四大财务比率。

三、综合分析法

1. 沃尔评分法

沃尔评分法是指将选定的财务比率用线性关系结合起来，并分别给定各自的分数比重，然后通过与标准比率进行比较，确定各项指标的得分及总体指标的累计分数，从而对企业的信用水平做出评价的方法。

2. 杜邦分析法

杜邦分析法是利用几种主要的财务比率之间的关系来综合地分析企业的财务状况。其基本思想是将企业净资产收益率逐级分解为多项财务比率乘积，这样有助于深入分析比较企业的经营业绩。

3.“雷达图”分析法

“雷达图”是从企业的生产性、安全性、收益性、成长性和流动性五个方面，对企业的财务状态和经营现状进行直观、形象的综合分析与评价的图形，如图 1－4 所示。

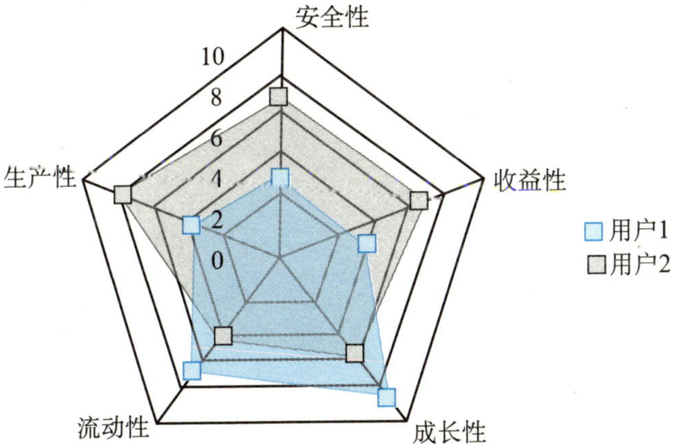

图 1－4 “雷达图”分析法

第二章

财务分析的基本方法

无论是作为企业的外部投资者、内部管理者或者是债权人，懂得分析财务报表都是其进行较优决策的前提。对于刚接触到财务分析的人来说，掌握财务分析的方法是很关键的。俗话说，好的方法是成功的一半。本章所介绍的方法中，比较分析法、因素分析法和趋势分析法是抽象的分析方法，而财务比率分析则是抽象方法的具体应用。

在这一章，你将会知道

◇ 比较分析法。

◇ 因素分析法。

◇ 趋势分析法。

◇ 比率分析法。

比较分析法

财务报表比较分析法是将企业财务报表中的主要项目或财务指标与选定的基准相比较，确定其差异，并据以判断、衡量企业财务状况和经营成果等的一种分析方法。财务报表比较分析法是财务报表分析最基本的方法，没有比较也就没有分析。财务报表的绝对数值或财务比率或其他财务指标，除非与其他数值或比率或指标进行对比，否则毫无意义。

一、比较分析法的内容

比较分析法的内容如表2－1所示。

表2－1 比较分析法的内容

形式	内容	目的
前后期相比较	将企业本期的财务报表及其相关数据与以前各期的同类数据进行对比(还可进行多期比较)	评价企业财务状况和经营成果的变化规律及趋势
实际完成情况与计划或预算相比较	将企业的财务报表及其相关数据与本期的计划(或预算)资料进行对比，确定实际同计划的差距	反映计划的完成情况
本企业与同行业企业比较	与同行业的标准或者平均水平相比较； 与同行业中的个别企业比较，如与先进企业或竞争对手等比较	评价企业的生存能力与竞争能力

二、比较基准

1. 绝对值标准

绝对值标准是根据经济发展的规律和长期的企业管理经验而产生的评价标准，或者说是根据历史经验和国际经验确定的参考标准。作为评价企业的比较基准，绝对值标准只是一种较为简单粗略的方法。

2. 历史标准

历史标准是企业相应财务指标的上期或前几期的实际数额，或者是企业该指标的历史最高水平。利用历史标准可以进行企业自身的纵向比较，具有排他性，是一种自身最优的判断方法，但缺乏企业之间的可比性。

3. 计划标准

计划标准是将企业事先制定的年度计划、预算或是预期达到的目标作为比较分析的评价标准。但其主观性往往较大，人为因素较强，而且鉴于计划标准通常不为企业外界所知，故应用范围不广，一般仅在企业内部使用。

4. 同行业个别企业比较基准

同行业个别企业比较基准主要是指本行业中的优势企业或者同行业中具有相同竞争状况的企业。该比较基准可以针对目标企业的数据，发现企业的不足和优势，但在具体应用过程中，由于各个企业的竞争策略、经营特征、产品周期以及会计选择等的不同，会导致反映企业生产经营状况的财务报表数据的不同，若在比较时忽略这些差异将会造成比较结论的不准确。

5. 行业标准

行业标准是指企业所处行业的相应财务指标的平均水平，可以通过算术平均法、二次算术平均法、加权平均法或汇总报表法确定。行业标准作为财务指标的比较基准在实务中应用范围最广，是相对较好的比较基准。但同样存在不足，主要是行业分类和跨行业经营情况。

三、比较分析法的方式

比较分析法有以下几种方式，如表 2 - 2 所示。

表 2 - 2　比较分析法的方式

类别	方式	具体方法
定性分析	方向判别法	仅对企业生产经营状况的某些方面做出好坏优劣的评价
定量分析	绝对数值法	$\Delta K = K_1 - K_0$，反映该财务指标在绝对数量上偏离基准的大小
	相对数值法	$K_1/K_0 \times 100\%$，反映财务指标相对基准数额的大小
		$\Delta K/K_0 \times 100\%$，反映该财务指标偏离基准的程度

因素分析法

因素分析法是依据分析指标与其影响因素之间的关系，按照一定的程序和方法，确定各因素对分析指标差异的影响程度，说明本期实际与计划或基期相比财务指标变动或差异的主要原因的一种技术方法。常用的因素分析法有连环替代法和差额分析法两种。

一、连环替代法

连环替代法是因素分析法的基本形式，它是将财务指标按其构成和不同的分析目标，将各个因素标准值用分析值来替代，计算出各因素变动对整个财务指标影响程度的方法。连环替代法的分析程序如图 2－1 所示。

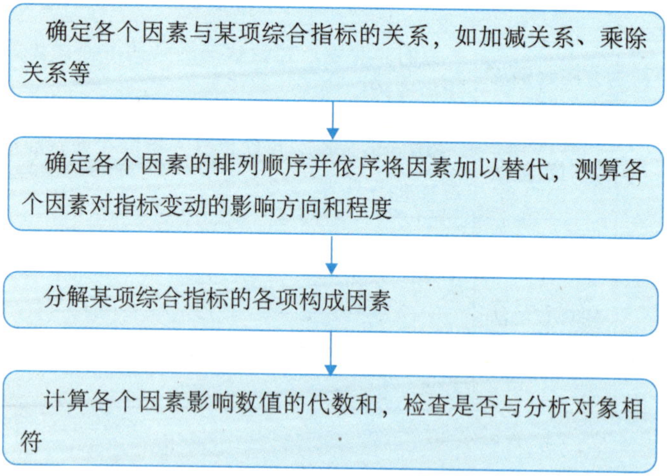

图 2－1　连环替代法的分析程序

比如，某个财务指标是由 A、B、C 三个因素相乘得到，其标准指标与实际指标的关系如下：

标准指标：$R_0 = A_0 \times B_0 \times C_0$

实际指标：$R_1 = A_1 \times B_1 \times C_1$

实际指标与标准指标的总差异为 $R_1 - R_0$，这个总差异同时受到 A、B、C 三个因素的影响，分析如下：

第一次替代：$R' = A_1 \times B_0 \times C_0$

第二次替代：$R'' = A_1 \times B_1 \times C_0$

第三次替代：$R_1 = A_1 \times B_1 \times C_1$

A 变化对 $R_1 - R_0$ 的影响为 $R' - R_0$，B 变化对 $R_1 - R_0$ 的影响为 $R'' - R'$，C 变化对 $R_1 - R_0$ 的影响为 $R_1 - R''$，最终 $(R' - R_0) + (R'' - R') + (R_1 - R'') = R_1 - R_0$。

在进行连环替代时，应该注意以下问题。

1. 因素分解的关联性

确定构成经济指标的因素，必须是客观上存在因果关系，要能够反映形成该项指标差异的内在构成原因，否则就失去了分析的价值。

2. 因素替代的顺序性

替代因素时，必须按照各因素的依存关系，排列成一定的顺序并依次替代，不可随意颠倒，否则就会得出不同的计算结果。遵循数量因素在先、实物因素在先、主要因素在先的原则。

3. 顺序替代的连环性

鉴于每次计算都是基于前一次计算结果，所以，只有保持计算程序上的连环性，才能使各个因素影响之和等于分析指标变动的差异，以全面说明分析指标变动的原因。

4. 计算结果的假定性

连环替代法计算的各因素变动的影响数，会因替代顺序的不同而有差别，故计算结果不免带有假定性。因此，在进行财务分析时，财务人员应力求使这种假定合乎逻辑，才不至于影响分析的有效性。

二、差额分析法

差额分析法也称绝对分析法，是连环替代法的一种简化形式，是直接利用各个因素的实际值与基准值之间的差额，在其他因素不变的条件下，计算各因素对分析指标的影响程度。差额分析通过分析财务报表中有关科目的绝对值的大小来判断公司的财务状况和经营成果。同样假设，财务指标 R 按照 A、B、C 三个因素相乘得到：

标准指标：$R_0 = A_0 \times B_0 \times C_0$

实际指标：$R_1 = A_1 \times B_1 \times C_1$

A 变动对 R 的影响：$(A_1 - A_0) \times B_0 \times C_0$

B 变动对 R 的影响：$A_1 \times (B_1 - B_0) \times C_0$

C 变动对 R 的影响：$A_1 \times B_1 \times (C_1 - C_0)$

差额分析法有很大的局限性，它无法解释求出的数值大或小至什么程度，也无法说明数值以多大或多小为宜。而许多数值如营运资金和流动资产等并不是越大越好，所以，不能仅仅运用差额分析法，同时要结合其他分析方法，才能达到财务分析的目的。

趋势分析法

趋势分析法是将连续数期的会计报表中的某些项目或指标进行比较，计算前后期的增减方向和幅度，并形成一系列具有比较性的百分比（趋势百分比），以预测企业财务状况或经营成果的变动趋势的一种分析方法。

一、趋势分析法的运用方式

1. 重要财务指标的比较

将不同时期财务报告中的相同指标或比率进行比较，直接观察其增减变动情况及变动幅度，考察其发展趋势，预测其发展前景。主要方法有定基动态比率和环比动态比率。

2. 会计报表的比较

将连续数期的会计报表金额并列起来，比较其相同指标的增减变动金额和幅度，据以判断企业财务状况和经营成果发展变化的一种方法。运用该方法进行比较分析时，最好是既计算有关指标增减变动的绝对值，又计算其增减变动的相对值。这样可以有效地避免分析结果的片面性。

3. 会计报表项目构成的比较

这种方式是以会计报表中的某个总体指标为100%，计算出其各组成项目占该总体指标的百分比，从而比较各个项目百分比的增减变动，以此来判断有关财务活动的变化趋势。它既可用于同一企业不同时期财务状况的纵向比较，又可用于不同企业之间的横向比较。

二、趋势分析法的分析步骤

趋势分析法的分析步骤如图 2－2 所示。

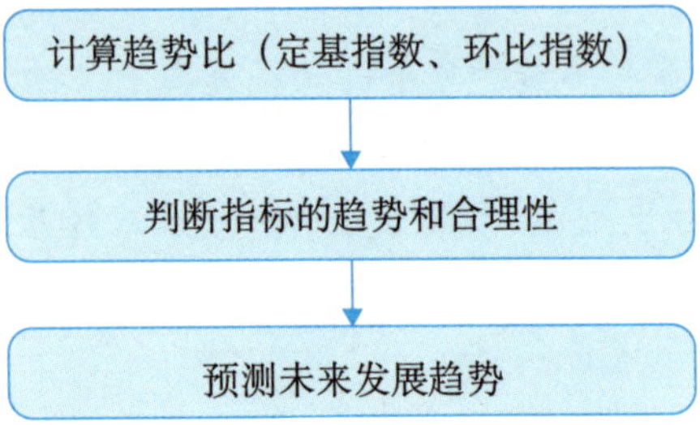

图 2－2　趋势分析法的分析步骤

在进行趋势分析时，应该注意以下问题。

(1)各个时期的指标在计算口径上必须一致。

(2)剔除偶发性项目的影响，使分析数据能够反映正常的经营状况。

(3)应用例外原则，对某项有显著变动的指标作重点分析。

(4)对基年的选择要有代表性，如果基年选择不当，情况异常，则以其为基数而计算出的百分比趋势，会造成判断失误或作出不准确的评价。

三、优点和局限性

趋势分析法旨在揭示企业财务状况的发展变化趋势。相较于其他分析方法，它的优势非常明显：

(1)便于统观全貌。

(2)便于事实的相互比较。

(3)变化倾向的表示极为明显。

(4)分析数字的解释较为容易。

(5)计算简单。

当然，这种方法也存在一定的局限性。首先，表现在财务报表数据方面，一般都是企业的历史资料，且其中一些数据是估计和判断出来的，会导致其时效性与实际情况有所偏差，不宜作为判断未来经济状况的可靠依据；其次，趋势分析法能解释某一财务数据的发展变化趋势，至于其深层次的原因则无法作出更深刻的回答；再次，即使是同一企业在不同时期所处宏观经济形势、经营管理方式及偶发因素等的变化也会导致会计数据出现异常，加大作出准确分析判断的难度。

比率分析法

比率分析法是利用企业同一时期的会计报表中两个或两个以上指标之间的某种关联关系，计算出一系列财务比率，据以考察、分析和评价企业财务状况和经营业绩的分析方法。财务比率是报表上的不同项目的商值，既是相对数，同时也体现了二者可能存在的相关关系。完全无关的两个项目的比较意义不大。

比率分析是统计学中的绝对数和相对数在财务分析中的完美展现。既要看相对数，绝对数的大小也不能忽视。大公司和小公司可能相对数类似，但是绝对数量上的量级差别却能反映出公司发展的天壤之别。因此，两个不同的公司相对数即财务比率的比较有时也可能让分析者陷入分析误区。

一、含义及分类

比率分析法的基本工具是财务比率。财务比率是以财务报表资料为根据，将两个相关数据相除得到的比率，通过财务比率，可以分析企业的偿债能力、营运能力、盈利能力以及成长能力。之所以分析这四类，主要是因为偿债体现了公司“还活着”，还有“气儿”，营运能力说明公司是否还算“正常”，盈利能力和成长能力则强调公司的发展的“活力”和“潜力”。依照比率的形式，传统上一般可以分为以下三类，如图 2 - 3 所示。

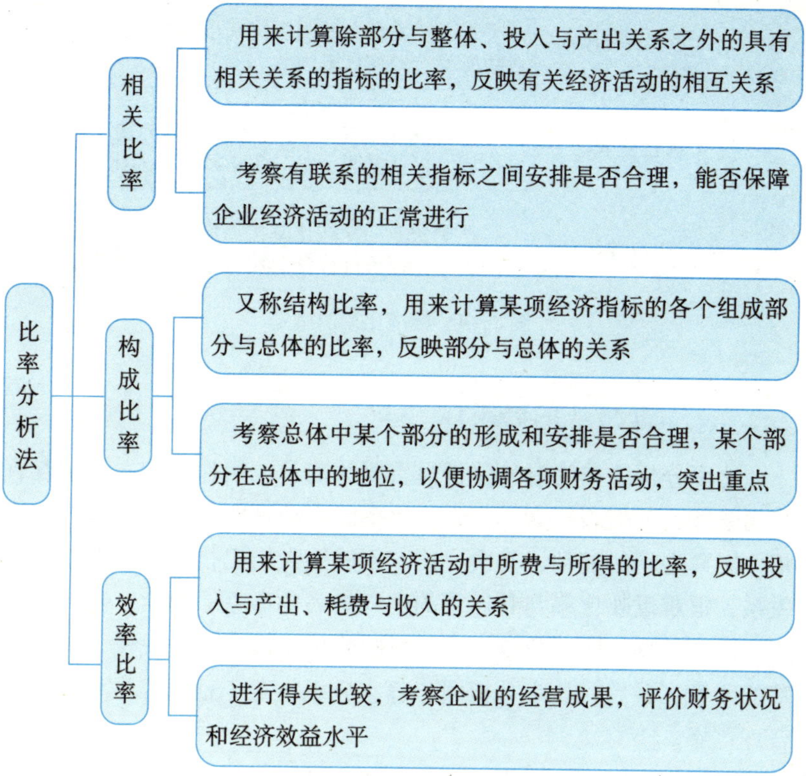

图 2－3　比率分析指标的形式

二、标准比率的计算方法

在进行财务比率分析时，往往将比率进行各种各样的比较，如时间序列比较、横向比较和依据一些绝对标准比较，不同的比较有着不同的评价目的和作用。标准比率就是比率分析法中最常用的比较标准。标准比率的计算方法有三种，如图 2－4 所示。

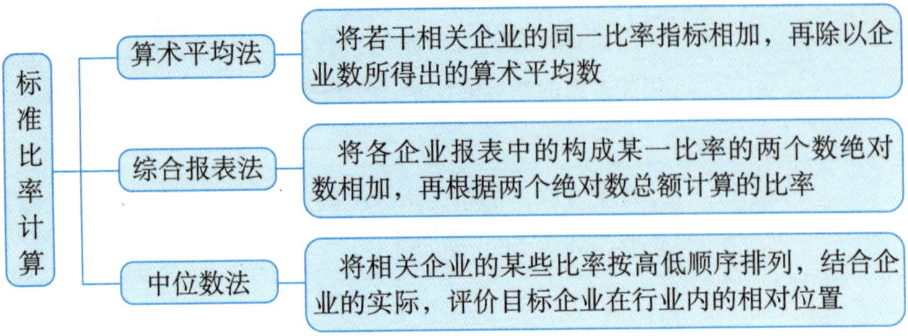

图 2－4　标准比率的确定

三、比率分析法的局限性

比率分析法作为财务分析最重要的工具，用途最广，但也存在着局限性，突出表现为：首先，比率的变动可能仅仅被解释为两个相关因素之间的变动；其次，比率不能给人们提供综合的会计报表关系，很难反映比率与其计算的会计报表的联系；再次，比率分析所使用的数据为账面价值，难以反映物价水准的影响，给人们不保险的印象；最后，比率分析属于静态分析，对于预测未来并非绝对合理可靠。

可见，在运用该比率分析时应该注意下列问题：

(1)由于财务报表的期间不同，采用比率指标来对比资产负债表和利润表数据存在一些不可比因素；而不同企业的会计政策和经营方针也会影响企业间财务比率的可比性。因此，进行分析的项目要具有可比性和相关性，将不相关的项目进行对比是没有意义的。

(2)选择比较的标准要具有科学性，要注意审查公司的性质和实际情况，注意行业因素、生产经营情况差异性等因素。

(3)要注意将各种比率有机地联系起来进行全面分析，不可孤立地看某种或某类比率，同时要结合其他分析方法，这样才能对企业的历史、现状和将来有一个详尽的分析和了解，达到财务分析的目的。

企业财务的时态分析

企业时态分析是财务比率分析的实际应用，也是运用其他基本方法对企业进行“望、闻、问、切”的落脚点。这里之所以强调时态分析，是因为企业各种能力的分析，无非还是关注企业过去发展的如何，现在发展的怎样，将来发展的可能。

财务分析方法落实到企业各项能力的分析上，就是对企业的全方位多角度诊断，也就是对企业的过去、现在和未来的观察。

具体来看，我们一般着重分析企业的偿债能力、营运能力和发展能力。偿债能力说明企业还有存在的价值，过去来看，没有破产，没有资不抵债；营运能力说明企业现在“活得还顺不顺”，有没有“发育不良”，有没有重大“疾患”；而发展能力则展现了企业未来发展的“宏伟蓝图”。

其中，我们往往在企业的“时态”分析中更多的关注企业的现在式，因为，现在反映过去，展现未来。

在这一章，你将会知道

◇ 过去式——偿债能力分析。

◇ 现在式——运营能力分析。

◇ 将来式——发展能力分析。

过去式——偿债能力分析

偿债能力是指企业偿还到期债务的能力。偿债能力分析包括短期偿债能力的分析和长期偿债能力的分析两个方面。

一、短期偿债能力分析

一般而言，短期偿债能力主要是对企业流动性的要求，指企业以流动资产偿还流动负债的能力，反映企业日常偿付到期债务的实力，是企业财务状况的重要标志，受到投资者、债权人、供应商等的特别关注。

偿还到期债务的能力，主要取决于有多少可以动用的流动资产，流动资产越多，流动负债越少，则短期偿债能力越强。流动资产偿还全部流动负债的余额就是营运资金（working capital），营运资金是企业实际可以动用的资金，其数额越多（少），表明偿债风险越小（大）。短期偿债能力指标如表 3－1 所示。

表 3－1　短期偿债能力指标

短期偿债能力指标	计算公式	数据来源	指标分析与运用
流动比率（CR）	流动资产/流动负债	资产负债表中“流动资产合计”、“流动负债合计”	流动比率越高，反映短期偿债能力越强，债权人权益越有保证。一般 CR＝2 较为合适，但根据不同行业有所不同

（续表）

短期偿债能力指标	计算公式	数据来源	指标分析与运用
速动比率（QR）	速动资产/流动负债	资产负债表中“流动负债合计”，速动资产＝流动资产－存货－预付账款－待摊费用	流动比率的辅助指标，更能准确反映短期偿债能力。QR＝1较为合适，表明每1元流动负债都有1元易于变现的资产作保障
现金比率	现金性资产/流动负债	资产负债表中“流动负债合计”，现金性资产＝货币资金＋有价证券＝速动资产－应收账款－预付账款－其他应收款	分子扣除应收账款，因为应收账款可能存在坏账损失，到期不一定收回，所以，现金比率是最为稳妥的衡量标准
现金流量比率	经营活动现金净流量/流动负债	现金流量表中“经营活动现金净流量”、资产负债表中“流动负债”	表明每1元流动负债的经营现金流量保障程度，该比率越高，保障程度越大
到期债务本息偿付比率	经营活动现金净流量/本期到期债务本金＋现金利息支出	现金流量表中“经营活动现金净流量”、“偿还债务所支付的现金”、“偿付利息所支付的现金”	比率越大，偿付到期债务的能力就越强，如果比率超过1，意味着在保证现金支付需要后，还能保持一定的现金余额来满足预防性和投机性需求

二、长期偿债能力分析

长期偿债能力的评价，从义务角度包括按期支付利息和到期偿还本金两个方面；从偿债资金来源看，应该是企业的经营利润，在正常情况下，企业不会依赖变卖资产偿债，而是依靠经营利润。因此，长期偿债能力主要取决于获利能力。这里仅从债权的安全性进行分析。长期偿债能力指标如表 3 - 2 所示。

表 3 - 2 长期偿债能力指标

长期偿债能力指标	计算公式	数据来源	指标分析与运用
负债比率（*LR*）	负债总额/资产总额	资产负债表中“资产合计”、“负债合计”	又称资产负债率，即企业全部资产中，靠负债吸收的资金所占比重，比重越小，说明企业对债权人的保障程度越高
产权比率（*ER*）	负债总额/股东权益总额	资产负债表中“股东权益合计”、“负债合计”	与资产负债率的经济意义相同。高产权比率意味着高风险、高回报的财务结构；而低产权比率意味着低风险、低回报的财务结构
有形净值债务率	负债总额/有形净值	资产负债表中“负债合计”有形净值 = 股东权益 - 无形资产净值	产权比率的派生指标，因扣除一般不用于偿债的无形资产，能更谨慎、保守地反映企业债权人受股东权益的保障程度

（续表）

长期偿债能力指标	计算公式	数据来源	指标分析与运用
股东权益比率	股东权益/资产总额	资产负债表中“股东权益合计”、“资产合计”	反映企业全部资产中多大比率由所有者投入，与负债比率互补，相加为1
权益乘数	资产总额/股东权益	资产负债表中“股东权益合计”、“资产合计”	股东权益比率派生指标，反映资产总额相当于股东投入的倍数，该乘数越大，说明股东投入比重越小，负债杠杆利用越充分
利息保障倍数	息税前利润/利息费用	利润表“利润总额+财务费用”、“财务费用”	衡量债权人投入资金风险的指标，属于正指标。该指标越大，表明偿还利息的保障程度越高
现金利息保障倍数	(经营活动现金净流量+现金利息支出+付现所得税)/现金利息支出	现金流量表中“经营活动现金净流量”、“支付的所得税款”、“偿付利息所支付的现金”	利息保障倍数的派生指标，可反映企业变现能力及支付约定利息的能力

提示

现金利息保障倍数是从动态角度对偿债能力进行评价，是对企业长期偿债能力的综合、全面的评价。现金利息保障倍数常和现金债务总额一起使用，将资产负债表、利润表、现金流量表的相关数据联系起来，对企业债务进行长期、综合的评估，在现实中具有很广泛的应用。

现在式——营运能力分析

企业营运能力主要指企业营运资产的效率与效益，也就是考察企业“活得顺不顺”，有无“便秘”，有无“营养不良”。

典型的“营养不良”，比如存货堆挤如山，挤占营运资金，而产成品的产出或者销售出现脱销，或者销售不出去；也或者，产成品的质量存在隐患，返厂率高，等等。

企业营运资产的效率主要指资产的周转率或周转速度。企业营运资产的效益通常是指企业的产出额与资产占用额之间的比率。这里有必要注意，分母一般为企业的资产而非资本。

一、总资产周转率分析

总资产周转率也称总资产利用率，是企业营业收入与资产平均总额的比率，即企业的总资产在一定时期（通常是一年）周转的次数，其计算公式为：

$$总资产周转率=\frac{营业收入}{资产平均总额}$$

$$=\frac{营业收入}{(期初资产总额+期末资产总额)/2}$$

$$总资产周转天数=\frac{360}{总资产周转率}$$

总资产周转率是综合评价企业全部资产的经营质量和利用效率的重要指标，综合反映了企业整体资产的营运能力。周转次数越多，周转一次所需的天数越少，表明其周转速度越快，营运能力越强；反之，周转速度越慢，营运能力越弱。

总资产周转率反映的是企业平均每 1 元可以创造多少营业收

入，不仅体现企业整体资产的综合营运效率，并且可用来衡量企业运用资产赚取利润的能力。故该指标常与盈利指标一起运用，全面评价企业的盈利能力。

通过对总资产周转率的对比分析，不但能够反映出企业本年度以及以前年度总资产的营运效率及其变化，而且能够发现企业与同类企业在资金利用上的差别，促进企业提高资金的使用效率。资产利用率高，自然带来的营业收入就多，企业发展的活力才有保障。

总资产周转率的分析评价要考虑公司的行业特征和公司的经营战略。

二、流动资产周转率分析

流动资产周转率是营业收入与流动资产平均余额的比率，是衡量企业一定时期内流动资产周转速度的快慢及利用效率的综合性指标。其计算公式为：

$$\text{流动资产周转率}=\frac{\text{营业收入}}{\text{流动资产平均余额}}$$

$$=\frac{\text{营业收入}}{(\text{期初流动资产}+\text{期末流动资产})/2}$$

$$\text{流动资产周转天数}=\frac{360}{\text{流动资产周转率}}$$

流动资产周转率反映全部流动资产的利用效率。流动资产周转速度快，会相对节约流动资产，等于相对扩大资产投入，增强企业的盈利能力；而周转速度延缓，需要补充流动资产参加周转，造成资金浪费，降低企业的盈利能力。

流动资产周转率的大小与流动资产实现销售的能力以及流动资产的投资情况有关，是流动资产运用效率和驾驭管理能力的综合体现。所以，提高流动资产周转率主要通过以下方式进行。

1. 增加营业收入

(1)开发适销对路的产品。

(2)强化销售工作，提高市场占有率，加快销售过程。

2. 降低流动资产占用额

(1)加强定额管理。

(2)努力降低材料采购成本和产品制造成本。

(3)缩短周转期。

(4)加快货款结算，及时收回货款。

(5)定期清仓查库，及时处理积压产品和物资。

(6)避免过量存款。

三、应收账款周转率分析

应收账款周转率是企业一定时期营业收入与应收账款平均余额的比率，是衡量应收账款流动程度和管理效率的指标。

$$应收账款周转率=\frac{营业收入}{应收账款平均余额}$$

$$=\frac{营业收入}{(期初应收账款+期末应收账款)/2}$$

$$应收账款周转期(天数)=\frac{360}{应收账款周转次数}$$

应收账款周转率反映了企业应收账款变现速度的快慢及管理效率的高低。应收装款周转率高则表明:

(1)企业收账迅速，账龄期限相对较短，可以减少收账费用和坏账损失，从而相对增加企业流动资产的投资收益。

(2)资产流动性大，短期偿债能力强。

(3)借助应收账款周转天数与企业信用期限的比较，可以更好地评价客户的信用程度及企业原定信用条件的合理性。

企业的获利能力、偿债能力与应收账款的回收情况有直接的关系。如果企业的账款回收期延长，说明企业的获利能力和偿债能力都降低，有可能是由企业信用政策过宽，收账不力或者坏账过多引起。如果应收账款的回收期延长而利润却没有增长，有两方面的原因：一是企业产品的竞争力下降；二是顾客产生支付困难。

如果账款回收期缩短，说明企业的获利能力和偿债能力都有所提高，有可能是因为加强了应收账款的管理或者企业借助于金融机构进行了短期融资。

四、存货周转率分析

存货周转率是企业一定时期的销售成本（或收入）与平均存货的比率。通过存货周转率的计算与分析，可以测算企业一定时期内存货资产的周转速度，是反映企业供、产、销平衡效率的一种尺度。

存货周转率有两种计算方式。

（1）一种以成本为基础的存货周转率，主要运用于流动性分析。

$$\text{存货周转率}=\frac{\text{营业成本}}{\text{平均存货余额}}=\frac{\text{营业成本}}{(\text{期初存货余额}+\text{期末存货余额})/2}$$

（2）一种是以收入为基础的存货周转率，主要适用于获利能力分析。

$$\text{存货周转率}=\frac{\text{营业收入}}{\text{平均存货余额}}=\frac{\text{营业收入}}{(\text{期初存货余额}+\text{期末存货余额})/2}$$

$$\text{存货周转天数}=\frac{360}{\text{存货周转次数}}$$

以成本为基础的存货周转率的运用较为广泛，因为与存货相关的是销售成本，它们之间的对比更加符合实际，能够较好地反映存货的周转状况。

以收入为基础的存货周转率既维护了资产运用效率各指标计算的一致性，又因为由此计算的存货周转天数与应收账款周转天数建立在统一的基础上，从而可直接相加并得出另一个分析指标——营业周期，即从取得存货开始到销售存货并收回现金为止的这一段时间。计算公式为，营业周期 = 存货周转天数 + 应收账款周转天数。一般情况下，营业周期短，说明资金周转速度快；营业周期长，说明资金周转速度慢。

存货是流动资产乃至总资产中最重要的构成项目之一，不仅金额比重大，而且增值能力强。因此，存货周转速度的快慢，不仅反映出企业采购、储存、生产销售各环节管理工作状况的好坏，而且对企业的偿债能力及获利能力产生决定性的影响，是对流动资产周转率的补充说明。存货周转率越高，周转天数越少，表明企业存货回收速度越快，企业的经营管理效率越高，资产流动性越强，则企业的利润率越高；反之，存货周转率越低，表明存货周转速度慢，存货的管理效率较低，存货占用资金较多，企业的利润率低。

存货周转率分析的注意事项如图 3－1 所示。

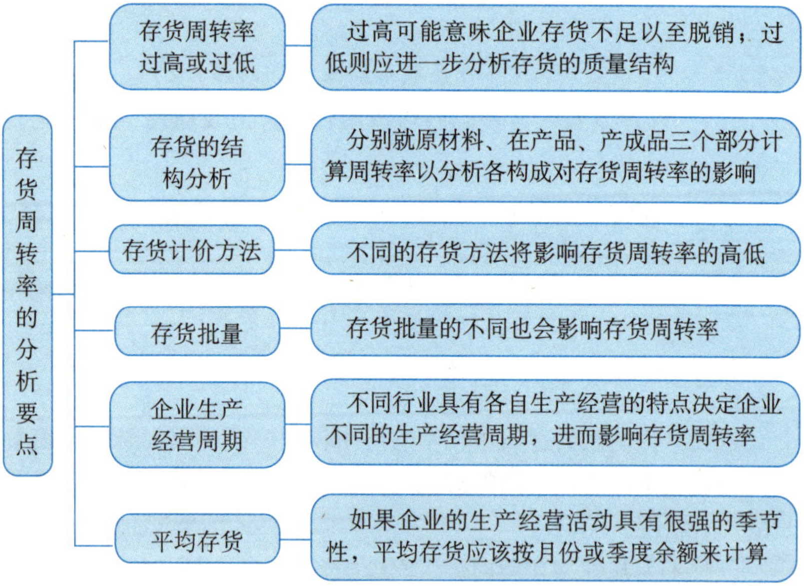

图 3－1　存货周转率的分析要点

五、固定资产周转率分析

固定资产周转率又称固定资产利用率，是企业营业收入与固定资产平均占用额之比。它反映企业固定资产周转的快慢、变现能力和有效利用程度。其计算公式为：

$$固定资产周转率=\frac{营业收入}{平均固定资产}=\frac{营业收入}{(期初固定资产+期末固定资产)/2}$$

$$固定资产周转天数=\frac{360}{固定资产周转次数}$$

关于固定资产平均占用额的计算，可以采用固定资产原值计算，因为固定资产的生产能力并非随着其价值的逐步转移而降低，便于企业在不同时间或不同的企业之间进行比较；还可以采用固定资产净值计算，以真正反映一定时期内企业实际占用的固定资金。

一般情况下，固定资产周转率越高越好，该指标越高，说明企业固定资产投资得当，固定资产结构分布合理，能够较充分地发挥固定资产的使用效率，企业的经营活动越有效，闲置的固定资产越少；反之，则表明固定资产使用效率不高，提高的生产经营成果不多，企业的营运能力较差。

固定资产周转率主要受到固定资产所采用的折旧方法、折旧年限、通货膨胀、固定资产的生产能力及利用效率、固定资产增加以及不同来源结构等方面的影响。

在对固定资产的营运能力进行分析时，必须充分结合流动资产的投资规模、周转额、周转速度才更有价值。一般而言，固定资产的质量与使用效率越高，其推动流动资产运行的有效规模与周转率就越大、越快，实现的周转额也就越多。因此，在不断提高流动资产自身营运能力的同时，如何有效提高固定资产的质量与使用效率，以相对节约固定资产投资，推动尽可能多的流动资产规模，加速流动资产价值的转换速率，从而实现更多的营业收入，成为固定资产营运效率分析评价工作的重要内容。

提示

当企业固定资产净值率过低(如因资产陈旧或过度计提折旧)，或者当企业属于劳动密集型企业时，固定资产周转率可能就没有太大的意义。

将来式——发展能力分析

企业的发展能力突出体现在企业的盈利能力和成长能力上。有盈利，才能扩大再生产，而成长能力则强调企业的增长率。

盈利能力指企业获取利润的能力，也称企业的资金或资本增值能力，通常表现为一定时期内企业收益数额的多少及其水平的高低。它是决定企业最终盈利状况的根本因素，受到企业管理者、投资人和潜在投资人、债权人以及政府的关注。

成长能力是指未来一定时期企业发展的能力，如利润的扩大、销售的增加，通常是对企业未来一定时期的动态发展变化趋势的一种财务分析。从形成看，企业的发展能力主要是通过自身的经营活动，不断扩大积累而形成的，主要依托于不断增长的销售收入，不断增加的资金投入和不断创造的利润等。从结果看，一个发展能力强的企业，能够不断地为股东创造财富，能够不断地增加企业价值。

盈利能力对于企业的利益相关者而言，意义重大：

1. 从企业管理者角度

盈利能力影响企业管理人员的升迁、收入，也是管理者发现问题，改进管理方法的突破口。

2. 从投资者和潜在投资人的角度

投资人的收益来自企业的股息、红利和转让股票产生的资本利得，所以，企业盈利能力的强弱直接关系其切身利益。

3. 从企业债权人角度

定期的利息支付以及到期的还本都必须以企业经营获得利润来保障。

4. 从政府的角度

企业赚取利润是其缴纳税款的基础，利润多则缴纳的税款多，利润少则缴纳的税款少。

评价企业的盈利能力有一系列的财务指标，可以通过收入、资产、资本等不同的角度进行分析，如表3－3所示。

表3－3 盈利能力指标

指标		计算公式	指标意义
收入盈利能力指标	毛利率	毛利/销售净额＝毛利/（销售收入－销货成本）	销货成本通常是工商企业最大的费用要素；毛利是利润形成的基础
	营业利润率	营业利润/销售净额	反映企业经营过程的获利水平，避免为企业财务杠杆程度、投资损益和非常项目所影响
	销售净利润率	净利润/销售净额	与营业利润率进行比较，可以反映利息、所得税及投资收益对企业获利水平的影响

（续表）

指标		计算公式	指标意义
资产盈利能力分析	总资产息税前利润率	息税前利润（EBIT）/年平均总资产＝总资产周转率×销售息税前利润率	反映企业全部资产的获利水平——经营获利与投资获利
	总资产净利润率（ROA）	净利润/年平均总资产＝总资产周转率×销售净利率	与前一比率相比，可以反映财务杠杆及所得税对企业最终的资产获利水平的影响
资本盈利能力指标	净资产利润率（ROE）	净利润/平均净资产	衡量公司对股东投入资本的利用效率，弥补了每股税后利润指标的不足，该比率越高，说明所有者投资带来的收益越高
上市公司特有指标	每股收益	（净利润－优先股股息）/普通股加权平均数＝每股净资产×普通股权益报酬率	分析每股价值的一个基础性指标，反映企业普通股股东持有每一股份所能享有的企业利润或承担的企业亏损
	普通股权益报酬率	（净利润－优先股股息）/普通股权益平均额	从每元普通股投资看投资收益率，用于弥补股票面值或市值不同、每股净资产不同等造成每股收益不可比的问题
	股利发放率	每股股利/每股净收益＝价格与收益比率×股价报偿率	反映公司的股利分配政策与股利支付能力，短期投资者更加注重该指标

（续表）

指标		计算公式	指标意义
上市公司特有指标	市盈率	每股市价/每股收益	反映普通股的市场价格与当期每股收益之间的关系，可用来判断企业股票与其他企业股票相比较潜在的价值
	托宾 Q	（股权市场价格 + 长短期债务账面价值合计）/总资产账面价值	若该指标大于 1，说明市场上对该公司的股价水平高于自身重置成本，该公司市值较高；否则，该公司市值较低

与盈利能力相仿，成长能力分析同样可以从不同主体方面得到体现：

（1）对股东而言，可以通过发展能力分析衡量企业创造股东价值的程度，从而为采取下一步战略提供依据。

（2）对于潜在的投资者而言，可以通过发展能力分析评价企业的成长性，从而选择合适的目标企业做出正确的投资决策。

（3）对于经营者而言，可以通过发展能力分析发现影响企业未来发展的关键因素，从而采取正确的经营策略和财务策略促进企业的可持续增长。

（4）对债权人而言，可以通过发展能力分析判断企业未来盈利能力，从而做出正确的信贷决策。

发展能力指标如表 3－4 所示。

表 3－4 发展能力指标

指标		计算公式	指标意义
营业收入增长率指标	营业收入增长率	(本期营业收入－上期营业收入)/上期营业收入	体现企业生存发展能力最关键的指标，还可用来衡量企业的产品生命周期，分析时应结合收入增长的原因
	三年营业收入平均增长率	$\sqrt[3]{\frac{\text{本年营业收入总额}}{\text{三年前营业收入总额}}}-1$	反映营业收入连续三年的增长情况，避免受偶然性因素影响使营业收入异常导致的错误判断
	可持续增长率	股东权益增长率＝股东权益本期增加/期初股东权益	通常根据企业的实际销售增长率与可持续增长率的偏离程度，以及造成这种偏离的原因对未来进行分析
资产增长率指标	总资产增长率	本年总资产增长额/年初资产总额	从企业资产总量扩张方面衡量企业的发展能力，表明企业规模增长水平对企业发展后劲的影响
	三年平均资产增长率	$\sqrt[3]{\frac{\text{年末资产总额}}{\text{三年前年末资产总额}}}$	消除了资产短期波动的影响，反映了企业较长时期内的资产增长情况，是反映企业发展能力的一个重要指标
	固定资产成新率	平均固定资产净值/平均固定资产原值	反映企业拥有的固定资产的新旧程度，体现企业固定资产更新的快慢和持续发展的能力。指标高，表明企业固定资产比较新，对扩大再生产的准备比较充足，发展可能性较大

（续表）

指标		计算公式	指标意义
资本扩张指标	资本积累率	本年净资产增长额/年初净资产数	反应企业净资产当年的变动水平，指标越高，表明企业资本积累越多，应付风险和持续发展能力较强
	三年资本平均增长率	$\sqrt[3]{\frac{\text{年末净资本总额}}{\text{三年前年末净资本总额}}}$	该指标越高，表明企业所有者权益得到的保障程度越大，企业可以长期使用的资金越充裕，抵抗风险和连续发展的能力越强
利润增长率指标	营业利润增长率	本年营业利润增长额/上年营业利润	与营业收入增长率相比，说明企业营业收入弥补成本费用、抵御价格降低的能力以及企业获利能力
	净利润增长率分析	（本期净利润 - 上期净利润）/上期净利润	考核企业净利润，衡量企业价值的增长，反映企业获利能力的增长情况以及长期的盈利能力趋势

（续表）

指标		计算公式	指标意义
上市公司发展能力指标	股利增长率	股利增长率＝本年每股股利增长额/上年每股股利，三年平均股利增长率＝$\sqrt[3]{\dfrac{\text{本年每股股利}}{\text{三年前每股股利}}}-1$	投资者从企业获得的利益分为资本利得和股利，投资者在退出前从企业获得利益的唯一来源就是股利。虽然企业的股利政策是综合各种因素的结果，但股利的持续增长一般被理解为企业的持续发展
	每股收益增长率	（本期每股收益－上期每股收益）/上期每股收益	反映了每一份公司股权可以分得的利润的增长程度

当然，成长能力的比率并非越大越好，要与企业的相关资源、管理水平等相匹配。事实上，因增长过快而破产的企业数量，与因为增长太慢而破产的企业数量几乎一样多。正确分析企业增长情况及其利弊，合理控制并管理企业的增长速度是非常必要的。发展速度过快的一个普遍硬伤就是“烧钱”，一旦资金链出现问题，很有可能造成企业的“夭折”。

总体来看，企业要生存，一定要持续挣钱，一直具有盈利能力，这是企业发展的保证。同时，企业也需要成长，没有一定的速度，企业的“自然生产率”必然较低，在这个“大鱼吃小鱼，快鱼吃慢鱼”的世界里，企业的发展绝对的“惊心动魄”。当然，盈利能力太高，或者发展速度过快，值得关注，如果是企业核心竞争力的作用，则无话可说，但往往发展过猛，也会“营养不良”，这一点，值得密切关注。因为，企业的发展，我们更希望是一种可持续的发展，而不是被“饿死”或者“噎死”！

处在天平的两端
——解读资产负债表

如果把企业比作一个躯体的话，那么，资产负债表所反映的便是各个部分是如何构成这个躯体的，以及这个躯体是如何协调行动的。其中的各个部分的构成是非常有讲究的，比例的失衡是会对企业的健康构成威胁的；只有达到和谐的比例关系，企业才能容光焕发，充满生机。

资产负债表是反映企业在某一时点经济状况的“快照”，它反映企业在特定时点拥有多少资产、负债和股东权益。

在这一章，你将会知道

◇ 资产负债表概述。

◇ 资产负债表的结构与格式。

◇ 报表项目的具体解析。

◇ 资产负债表的局限性。

资产负债表概述

现金流量表同资产负债表、利润表一样，由表头、内容和签章组成。

一、含义

资产负债表是指反映企业在某一特定日期财务状况的会计报表。它反映企业在某一特定日期所拥有或控制的经济资源、所承担的现时义务和所有者对净资产的要求权。

资产负债表被誉为企业的“第一会计报表”，它可以提供以下信息，如图4－1所示。

资产、负债和所有者的全貌	包括资产和负债的结构及分布情况，并可以进一步揭示资产和负债的对应关系，从而分析企业的偿债能力
资产的资金来源	反应企业某一日期的负债总额以及结构，表明企业未来需要用多少资产或者劳务清偿债务；反应所有者权益的情况，表明投资者在企业资产中所占的份额，以及权益的结构情况
企业所拥有的经济资源	了解企业所拥有并可利用的经济资源的总额及构成，资金占用结构及各种资产的比例

图4－1　资产负债表揭示的财务信息

二、项目构成

资产负债表一方列示企业的经济资源，即可利用的资产总额及分布，如图 4－2 所示。

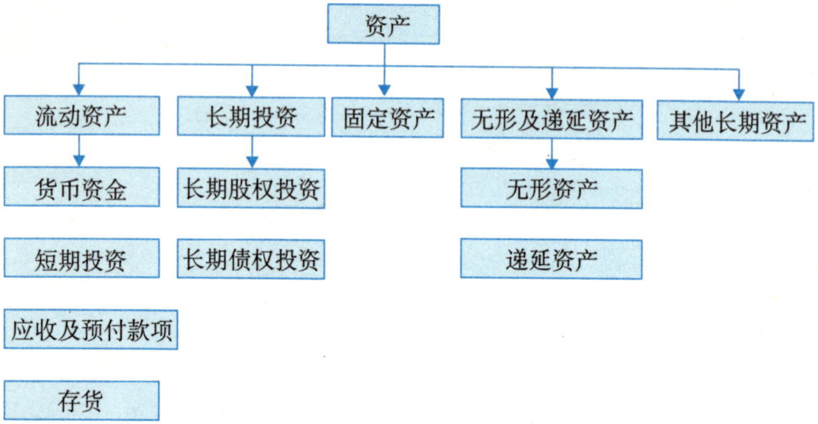

图 4－2　资产负债表按流动性分类

1. 流动资产

指可以在一年或者超过一年的一个营业周期内变现或者耗用的资产。包括现金及各种存款、短期投资、应收及预付货款、存货等，在资产负债表上按其变现能力排列顺序一般为：货币资金、短期投资、应收票据、应收及预付款项、存货等。

2. 长期投资

指企业以获取投资收益和收入为目的，向那些并非直接为本企业使用的项目投入资产的行为。资产负债表上，应将长期债权投资和长期股权投资分别列示，长期投资中将于一年内到期的部分在流动资产中单独列示。

3. 固定资产

指使用期限较长(一般超过一年)，单位价值较高，并在使用过程中保持原有实物形态的资产。如房屋、建筑物、机器、机械、运输工具以及其他与生产经营有关的设备、器具、工具等。

4. 无形资产

指能被企业在经营中长期使用，但不具有实物形态的资产。一般包括专利权、版权、商标等。

5. 其他资产

指除流动资产、长期资产、固定资产、长期待摊费用和无形资产以外的各项资产，企业不能全部计入当年损益，应当在以后年度内分期摊销的各项费用，包括开办费、租入固定资产改良及大修理支出等。

资产负债表的另一方项目列示负债和所有者权益，负债按偿还期限的长短分为流动负债和长期负债，如图 4－3 所示。

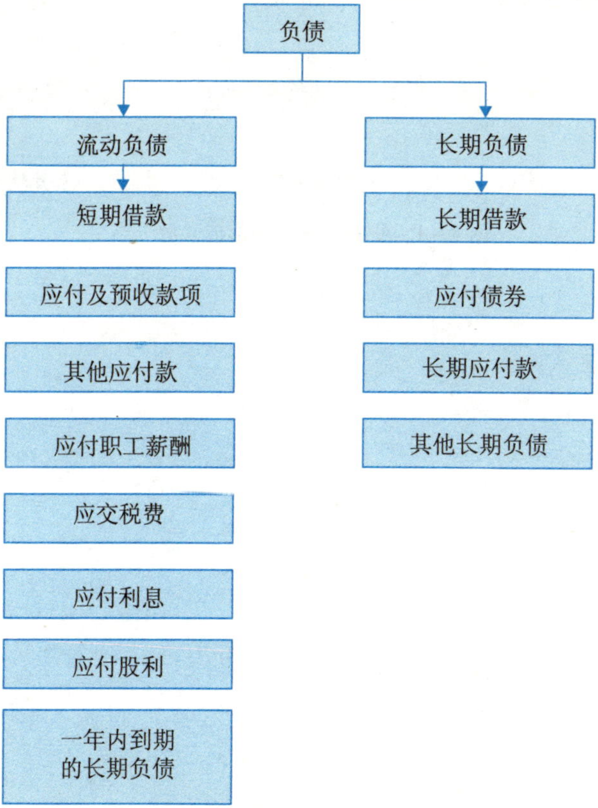

图 4－3　负债按偿还期限分类

流动负债，指企业在一年或一年以上的一个营业周期内偿还的债务，包括短期借款、应付账款、预收账款、应交税金、应付利润和一年内到期的长期借款等。长期负债指偿还期在一年以上的各种债务，包括长期借款、应付债券、长期应付款以及其他长期负债。

所有者权益按形成来源分类，如图 4 –4 所示。

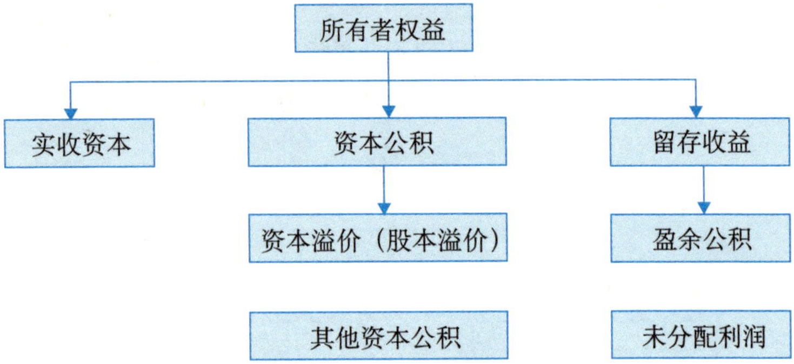

图 4 –4　所有者权益按形成来源分类

资产负债表的结构与格式

资产负债表的基本结构是“资产 = 负债 + 股东权益”。不论公司处于怎样的状态，这个会计平衡式总是恒等的，就像一个天平的两端。天平左边反映的是公司所拥有的资源，右边反映的是公司不同的权利人对这些资源的要求，并依照一定的分类标准和次序，把公司在一定日期的资产、负债和股东权益各项目予以适当编排而成。

资产负债表由表首、基本部分和补充资料三部分组成。表首是报表的基本标志，列有报表名称、编制单位、报表编号、编报日期和金额单位等项目。基本部分是报表的主体，也称正表，分别列示出资产和负债的具体项目，资产按照流动性排序。补充资料也是资产负债表的重要组成部分，列在资产负债表的下端。主要注明一些无法单独反应的资料，如商业承兑汇票贴现的金额，融资租入固定资产的原价，库存商品的期末余额，商品削价准备的期末余额等。

资产负债表正表的格式，目前在国际上较为流行的有两种，即账户式资产负债表和报告式资产负债表。

一、账户式资产负债表

在我国，资产负债表采用账户式结构，报表分为左右两方，左方列示资产各项目，反映全部资产的分布及存在形态；右方列示负债和所有者权益各项目，反映全部负债和所有者权益的内容及构成情况。资产负债表左右双方平衡，资产总计等于负债和所有者权益总计，即“资产 = 负债 + 所有者权益”。资产、负债均按流动性排列，流动性强的在先，弱的在后。负债中偿债期限短的在先，长的在后。所有者权益按形成来源分类后，按其留在企业的永久程度排列，如表 2 – 1 所示。

表 4－1　账户式资产负债表

单位：万元

资产	行次	年初数	期末数	负债的所有者权益（或股东权益）	行次	年初数	期末数
流动资产：				流动负债：			
货币资金				短期借款			
短期投资				应付票据			
应收票据				应付账款			
应收股利				预收账款			
应收利息				应付工资			
应收账款				应付福利费			
其他应收款				应付股利			
预付账款				应交税金			
应收补贴款				其他应交款			
存货				其他应付款			
待摊费用				预提费用			
一年内到期的长期债权投资				预计负债			
其他流动资产				一年内到期的长期负债			
流动资产合计				其他流动负债			
长期投资：				流动负债合计：			
长期股权投资							
长期债权投资				长期负债：			
长期投资合计：				长期借款			
固定资产：				应付债券			

（续表）

资产	行次	年初数	期末数	负债的所有者权益（或股东权益）	行次	年初数	期末数
固定资产原价				长期应付款			
减：累计折旧				专项应付款			
固定资产净值				其他长期负债			
减：固定资产减值准备				长期负债合计			
固定资产净额				递延税项：			
工程物资				递延税款贷项			
在建工程				负债合计			
固定资产清理							
固定资产合计				所有者权益（或股东权益）：			
无形资产及其他资产：				实收资本（股本）			
无形资产				减：已归还投资			
长期待摊费用				实收资本（或股本）净额			
其他长期资产				资本公积			
无形资产及其他资产合计				盈余公积			
				其中：法定公益金			
递延税项：				未分配利润			

（续表）

资产	行次	年初数	期末数	负债的所有者权益（或股东权益）	行次	年初数	期末数
递延税款借项				所有者权益（或股东权益）合计			
资产总计				负债和所有者权益（或股东权益）总计			

按照会计法的规定，我国企业资产负债表以这种格式为参考样式。每个项目又分为“年初数”和“期末数”两栏，相当于二年期的资产负债表。因此，严格地说，账户式资产负债表是一种比较资产负债表。

二、报告式资产负债表

报告式资产负债表是上下结构，上半部列示资产，下半部列示负债和所有者权益。具体排列形式又有两种：一是按照“资产 = 负债 + 所有者权益”的原理排列；二是按照“资产 - 负债 = 所有者权益”的原理排列。由于上下排列类似于领导的报告，所以称为报告式的资产负债表。

报告式资产负债表样式如表 4 - 2 所示。

表 4 - 2　报告式资产负债表

单位：万元

资产	行次	年初数	期末数
流动资产			
长期投资			
固定资产			

（续表）

资产	行次	年初数	期末数
无形资产及其他资产			
递延税款（借项）			
资产总计			
负债和所有者权益（或股东权益）			
负债：			
流动负债			
长期负债			
递延税项			
递延税款（贷项）			
负债合计			
所有者权益（或股东权益）：			
实收资本（或股本）			
资本公积			
盈余公积			
未分配利润			
所有者权益（或股东权益）合计			
负债和所有者权益（或股东权益）合计			

报表项目的具体解析

资产负债表作为反映企业财务信息的首要报表，综合反映了企业的经营管理水平。通过对资产负债表全方位多角度的解读，可以评价企业的偿债能力和资本结构，反映企业总体的财务状况，客观地评价企业的经营业绩。

资产负债表的分析首先是建立对资产负债表的填列规则的认识上的。我国企业资产负债表各项目数据的来源，主要通过以下几种方式取得，如表 4 - 3 所示。

表 4 - 3　资产负债表项目的填列方法

数据来源	具体说明
根据总账科目余额直接填列	如“应收票据”项目，根据“应收票据”总账科目的期末余额直接填列；“短期借款”项目，根据“短期借款”总账科目的期末余额直接填列
根据总账科目余额计算填列	如“货币资金”项目，根据“现金”、“银行存款”、“其他货币资金”科目的期末余额合计数计算填列
根据明细科目余额计算填列	如“应付账款”项目，根据“应付账款”、“预付账款”科目所属相关明细科目的期末贷方余额计算填列
根据总账科目和明细科目余额分析计算填列	如“长期借款”项目，根据“长期借款”总账科目期末余额，扣除“长期借款”科目所属明细科目中反映的、将于一年内到期的长期借款部分，分析计算填列

（续表）

数据来源	具体说明
根据科目余额减去其备抵项目后的净额填列	如“短期投资”项目，根据“短期投资”科目的期末余额，减去“短期投资跌价准备”备抵科目余额后的净额填列；又如，“无形资产”项目，根据“无形资产”科目的期末余额，减去“无形资产减值准备”备抵科目余额后的净额填列

在我国，资产负债表的“年初数”栏内的各项数字，根据上年末资产负债表“期末数”栏内的各项数字填列，“期末数”栏内的各项数字根据会计期末各总账账户及所属明细账户的余额填列。如果当年年度资产负债表规定的各个项目的名称和内容同上年度不一致，则按编报当年的口径对上年年末资产负债表各项目的名称和数字进行调整，填入本表“年初数”栏内。

了解了资产负债表的编制规则，接下来对报表的分析就相对容易了。就资产负债表的分析而言，主要着重分析两点：一是各个组成要素的分析，了解企业的资产、负债和所有者权益的构成和特点；二是对报表的整体把握，对比观察重要的变化和各类项目结构的特点。

一、对报表要素的解析

根据前文介绍，资产负债表的三大板块是资产、负债和所有者权益。财政部2006年新颁布的《企业会计准则——基本准则》将资产定义为：企业过去的交易或者事项形成的，由企业拥有或者控制的，预期会给企业带来经济利益的资源。而不同类别的资产对于公司的影响体现在不同的方面。负债是指企业过去的交易或者事项形成的，预期会导致经济利益流出企业的现时义务，公司的债权结构反映了公司对于资金流动性和经营稳定性态度的重要指标，也从另外一方面体现公司的偿债能力。所有者权益是指企业资产扣除负债后由所有者享有的剩余权益。公司的所有者权益又称为股东权益或者净资产。所有者权益是所有者对企业资产的剩余索取权，它是企业资产中扣除债权人权益后应由所有者享有的部分，既可以反映所有者投入资本的保值增值情况，又体现了保护债权人权益的理念。资产负债表的要素分析如表4－4所示。

表4－4　资产负债表要素分析一览表

要素类别		分析内容	备注
资产要素分析	流动资产	企业的现金、各种存款、短期投资、各种应收款项、存货等	流动资产比往年提高，说明公司的支付能力与变现能力增强
	长期投资	分析一年期以上的投资，如公司控股、实施多元化经营等	长期投资的增加，表明公司的成长前景看好
	固定资产	资产负债表所列的各项固定资产数字，仅表示在持续经营的条件下，各固定资产计提折旧、折耗的金额并预期于未来各期间陆续收回，因此，我们应该特别注意，折旧、折耗是否合理将直接影响到资产负债表、利润表和其他各种报表的准确性	很明显，少提折旧就会增加当期利润，而多提折旧则会减少当期利润。有些公司常常就此进行处理以调节利润
	无形资产	主要分析商标权、著作权、土地使用权、非专利技术、专利权等	对商誉及其他无确指的无形资产一般不予列账，除非商誉是购入或合并时形成的。取得无形资产后，应登记入账并在规定期限内摊销完毕

（续表）

要素类别		分析内容	备注
负债要素分析	流动负债	包括短期借款、应付票据、应付账款、预收账款、应付职工薪酬、应付福利费、应付股利、应交税费、其他暂收应付款项、预提费用和一年内到期的长期借款等	各项流动负债应按实际发生额记账，分析的关键在于要避免遗漏，所有的负债均应在资产负债表中反映出来
	长期负债	包括长期借款、应付债券、长期应付款项等	根据长期负债的不同形态分析、了解公司债权人的情况
股东权益要素分析		包括股本、资本公积、盈余公积和未分配利润四个方面	分析股东权益，主要是了解股东权益中投入资本的不同形态及股权结构，了解股东权益中各要素的优先清偿顺序等

二、对报表的总体解析

除了对资产负债表各项具体要素的分析外，还要从整体上对资产负债表进行解读，主要从总额变化、总额结构和期限项目变化入手。

1. 对总额变化的把握

资产总额是反映企业规模和财务状况的重要指标，根据年初数与年末数的变化，可以了解企业规模是扩张还是缩小。充足的资产不仅仅是自身经营活动的物质基础，也是企业筹集资金的重要保证。负债总额可以反映企业所面临的财务风险的大小。资产源于负债和权益，资产总额的增减肯定也是由于负债或者权益的增减带来的。如果资产的增加幅度大于所有者权益的增加幅度，说明股权增加，企业的资金实力得到增强；反之，若资产的增加幅度小于所有者权益的增加幅度，说明企业规模的增加主要源于举债，此举同样也降低了企业资金的流动性，加大偿债的不稳定性。

2. 资产结构分析

企业的资产结构是指企业进行投资中各种资产的构成比例，主要是指固定投资、证券投资及流动资金投放的比例。资产总额代表了企业的规模水平，而资产结构则细化资金的流向，更能体现企业实际的经营状况。从盈利性来看，基于流动资产和固定资产盈利能力上的差别，如果企业净营运资金越少，意味着企业以较大份额的资金运用到盈利能力较高的固定资产上，从而使整体盈利水平上升；但从风险性看，企业的营运资金越少，意味着流动资产和流动负债的差额越小，则到期无力偿债的危险性也越大。在实际工作中，如过多的资金投入到前期的固定资产上，极有可能导致流动资金紧张。资产结构管理的重点在于，确定一个既能维持企业正常开展经营活动，又能在减少或不增加风险的前提下，给企业带来更多利润的流动资金水平。

根据流动资产占总资产的比率，可以把不同资产结构的企业大致分为三类，如图 4 – 5 所示。

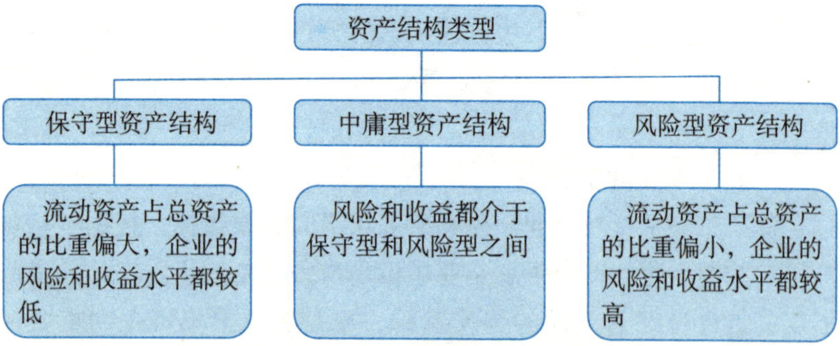

图 4 – 5　资产结构的类型

资产结构主要受以下因素的影响，如图4－6所示。

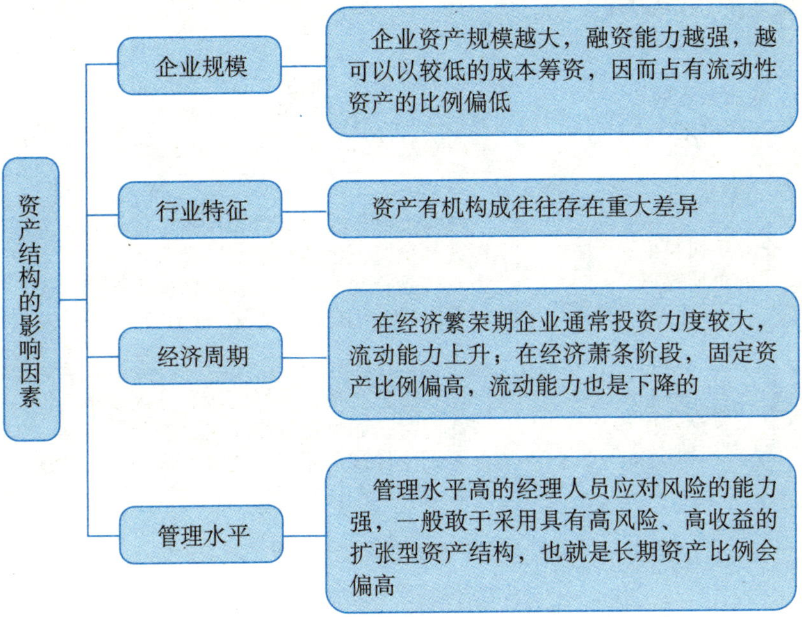

图4－6　资产结构的影响因素

3. 期初期末重点项目对比分析

在进行资产负债表整体分析时，还应该注意某些重点项目不同时期的重大变化，从中可以窥探出关于企业的内在财务状况。

另外，在对一些项目进行分析评价时，还要结合行业的特点进行。就房地产企业而言，如该企业拥有较多的存货，意味着企业有可能存在着较多的、正在开发的商品房基地和项目，一旦这些项目完工，将会给企业带来很高的经济效益。期初期末重点项目变化较大的特征如图4－7所示。

应收账款过多占总资产的比重过高	说明该企业资金被占用的情况较为严重
应收账款增长速度过快	说明该企业可能因产品的市场竞争能力较弱或受经济环境的影响企业结算工作的质量有所降低
企业年初及年末的负债较多	说明企业每股利息负担较重，但如果企业在这种情况下仍然有较好的盈利水平，说明企业产品获利能力较佳、经营能力较强，管理者经营的风险意识较强，魄力较大
法定资本公积金大大超过股本总额	预示着企业将有良好的股利分配政策。但与此同时，如果企业没有充足的货币资金作保证，预计该企业将会选择配股增资的分配方案，而非采用发放现金股利的分配方案

图 4－7　期初与期末数据变化较大的财务项目的特征

资产负债表的局限性

筹资活动的现金流量反映企业吸收投资、取得借款、偿还债务、分配股利等的现金流入流出情况。

根据前面的章节，资产负债表的重要性不言而喻，但如果只仰仗资产负债表的内容获取财务信息，分析财务状况，就会一叶障目，不见泰山。资产负债表的局限性主要体现在以下几个方面。

(1)资产负债表是以历史成本为报告基础的，它不反映资产、负债和所有者权益的现行市场价值。由于通货膨胀的影响，账面上反映的原始成本难免不符合实际，削弱对报表使用者的作用。

(2)会计信息主要是能用货币表述的信息，因此，资产负债表难免遗漏许多无法用货币计量的重要经济资源和义务的信息。如企业的人力资源对决策具有影响力，因无法数量化或至少无法用货币计量，现行实务并不将其作为资产和负债纳入资产负债表中。

(3)资产负债表的信息包含了许多估计数。因此，资产负债表所提供的信息质量必然受到这些人为估计是否准确的影响。

(4)客观性原则要求会计记录、报告必须以客观确定的证据为基础。但在资产负债表上，由于不能可靠的计量，许多具有重要价值的项目被忽略了。如公司自创的商誉，企业自行设计的专利权等。

此外，理解资产负债表的涵义必须依靠报表阅读者的判断。资产负债表有助于解释、评价和预测企业的长、短期偿债能力和经营绩效，然而此表本身并不直接披露这些信息，而要靠报表使用者自己加以判断。各家企业所采用的会计政策可能完全不同，所产生的信息当然有所区别，简单地根据报表数据评价和预测偿债能力以及经营绩效，并据以评判优劣，难免有失偏颇。所以，要理解资产负债表的涵义并作出正确的评价，并不能仅仅局限于资产负债表信息本身，而要借助其他相关信息。

鉴于以上的局限性，报表使用者应该合理利用资产负债表提供的信息，结合其他报表内容与企业自身情况，综合分析企业的经营管理状况。

利大于天——解读利润表

财务管理的目标是什么？目前存在的比较普遍的观点便是：企业利润最大化；股东价值最大化；企业价值最大化。但这三个观点的相通点在于一个字——利。从企业相关者看，理性人都是逐利而生的，股东投资为追逐利益，债权人借钱为源于利润的利息收入，企业经营者在收获身份地位时最根本的追求同样在于收入金钱，这同样来自于利润。可见，利润对企业来说是多么重要。

在这一章，你将会知道

◇ 利润表概述。

◇ 利润表的格式与结构。

◇ 利润表的具体解析。

◇ 利润表的局限性。

利润表概述

利润表，又称损益表、收益表，是集中反映上市公司一定时期内生产经营成果的会计报表。例如，反映1月1日—12月31日经营成果的利润表。它是把一定期间的营业收入与同一时期的营业成本及费用进行配比，计算出一定时期的净利润。利润表是一张动态的财务报表。

利润表可以提供关于企业收入、费用的相关信息，如图5－1所示。

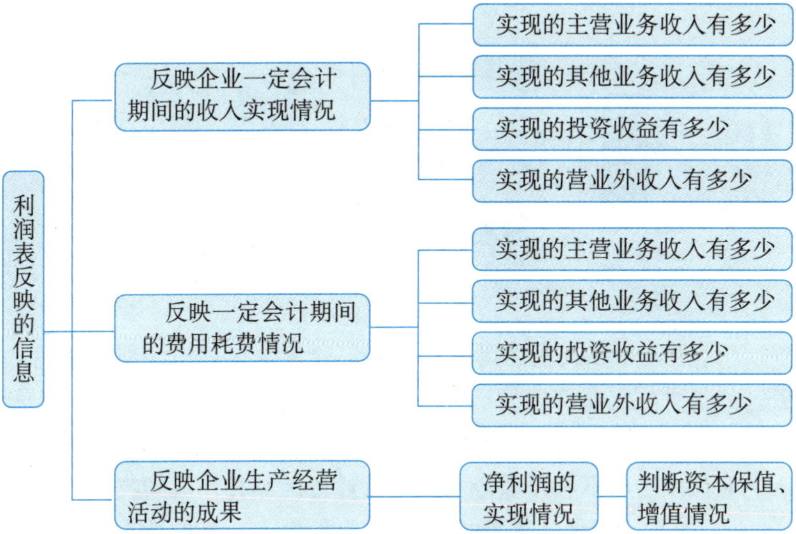

图5－1 利润表反映的信息

利润的高低及其发展与企业生存息息相关，直接影响企业投资者及利益相关者。利润表的合理解读，有助于分析、评价、预测企业的经营成果和获利能力、未来的现金流动状况及偿债能力，有助于评价、考核管理人员的绩效，是企业作出正确决策和分配经营成果的重要依据。

二、项目构成

利润表主要包括三大项，即收入、费用和利润，是反映企业经营成果的三大会计要素。

1. 收入类项目

收入是指企业在日常活动中所形成的、会导致所有者权益增加的、与所有者投入资本无关的经济利益的总流入，包括销售商品收入、劳务收入、让渡资产使用权收入、利息收入、租金收入、股利收入等，但不包括为第三方或客户代收的款项。收入的构成如图5－2所示。

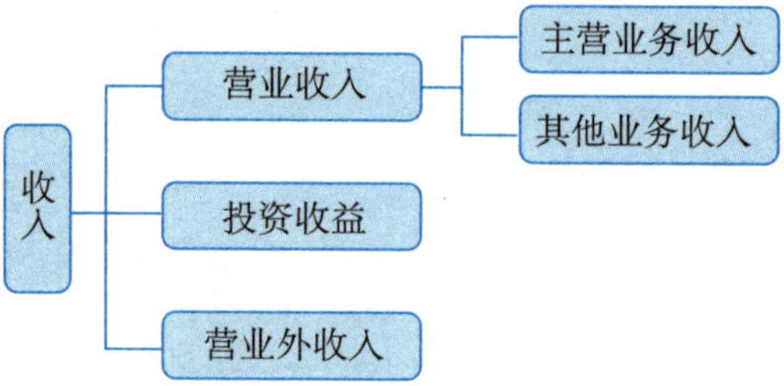

图5－2　收入的构成

(1)主营业务收入是指企业从事工商营业执照中注册的主营业务，如某种主要生产经营活动所取得的营业收入，它是企业收入的主要来源，稳定性好，体现了企业的市场占有率和直接竞争力。分析时应该结合行业特征重点关注主营业务的品种构成和收入质量。

(2)其他业务收入是指企业主营业务收入以外的所有通过销售商品、提供劳务收入及让渡资产使用权等日常活动中所形成的经济利益的流入，如材料物资及包装物销售、固定资产出租、包装物出租等，具有不经常发生、每笔业务金额一般较小、占收入的比重较低等特点。

(3)投资收益是指企业在一定的会计期间对外投资所取得的回报，包括对外投资所分得的股利和收到的债券利息，以及投资到期收回或到期前转让债权所得款项高于账面价值的差额等。当然，投资活动也可能遭受损失，如投资到期收回的或到期前转让所得款项低于账面价值的差额，即为投资损失。

(4)营业外收入是指企业工商营业执照中注册的兼营的项目内容，与企业经营无直接关系的各种收入，包括固定资产盘盈、处置固定资产净收益、处置无形资产净收益、非货币性交易收益、出售无形资产收益、罚款净收入、因债权人原因确实无法支付的账款、教育费附加返还款等。作为一种纯收入，营业外收入并未耗费企业的资金，无需与费用配比。此外，营业外收入具有非常规性和偶发性的特点，稳定性较差，分析时应特别注意该项目占全部收入的比率以及对净利润的贡献率。

2. 成本费用类项目

费用是指企业在日常活动中发生的、会导致所有者权益减少的、与向所有者分配利润无关的经济利益的总流出。主要是由于生产和销售产品、加工和提供劳务以及提供他人使用本企业资产造成损失等原因产生的。费用只有在经济利益很可能流出从而导致企业资产减少或者负债增加、且经济利益的流出额能够可靠计量时才能予以确认。

成本是指企业为生产产品、提供劳务而发生的各项耗费，如材料耗费、薪金支出、折旧费用等。成本通常可分为产品成本和劳务成本。

成本与费用是一对既有联系又有区别的概念。成本是按照一定的产品归集的费用，是对象化的费用；两者都是在生产过程中所产生的。两者的区别如表 5 -1 所示。

表5－1　成本和费用的区别

区别方面	费用	成本
内容	生产费用、管理费用、销售费用和财务费用等	工业企业产品成本只包括为生产一定种类或数量的完工产品的费用；不包括未完工产品的生产费用和其他费用
计算期	费用的计算期与会计期间相联系	产品成本一般与产品的生产周期相联系
对象	费用的计算是按经济用途分类	产品成本的计算对象是产品
计算依据	费用的计算以直接费用、间接费用为依据确定	产品成本以一定的成本计算对象为依据
作用	费用指标，分析其比重，了解结构变化从而加强费用管理等	产品成本指标，一是反映物化劳动与活劳动的耗费；二是资金耗费的补偿；三是检查成本和利润计划；四是表明企业工作质量的综合指标

(1)主营业务成本是指企业因销售商品、提供劳务或者让渡资产使用权等日常活动而发生的实际成本。

(2)其他业务成本是企业除主营业务活动以外的其他经营活动所发生的成本，主要包括：销售材料成本、出租固定资产的折旧额、出租无形资产的摊销额、出租包装物的成本或摊销额。

(3)营业税金及附加是指企业在日常活动中应负担的税金及附加，包括营业税、消费税、城市维护建设税、土地增值税和教育附加费等，不包括销售商品业务发生的增值税和所得税。

(4)销售费用是企业在销售商品过程中发生的费用，包括销售人员的工资、办公费、广告费、运输费、装卸费、包装费、保险费、差旅费以及业务招待费等。应该注意的是，销售费用与主营业务收入与长期待摊费用的配比。

(5)管理费用是企业为组织和管理企业生产经营所发生的各项费用支出，包括企业董事会和行政管理部门在企业的经营管理中发生的，或者应当由企业统一负责的公司经费、工会经费、员工教育经费、劳动保险费、业务招待费、董事会费等。

(6)财务费用是企业为筹集生产经营所需资金等而发生的费用，包括利息支出、汇兑损失以及相关的手续费等。

(7)营业外支出是企业发生的与经营无直接关系的各种支出，包括固定资产盘亏、处置固定资产净损失、处置无形资产净损失、债务重组损失、计提固定资产减值准备、罚款支出、赔偿金、非正常停工损失等。营业外支出应与营业外收入分别核算，不得互相抵减。

3. 利润项目

计算利润的基本公式是“利润 = 收入 - 支出”，只不过不同的利润涉及的收入与支出以及具体项目有所不同。

(1)营业利润 = 营业收入 - 营业成本 - 营业税金及附加 - 销售费用 - 管理费用 - 财务费用 - 资产减值损失 + 公允价值变动收益(-公允价值变动损失) + 投资收益(-投资损失)。

营业收入包括主营业务收入和其他业务收入，营业成本包括主营业务成本和其他业务成本。资产减值损失是指企业计提各项资产减值准备所形成的损失。公允价值变动收益(或损失)是指企业交易性金融资产等公允价值变动形成的应计入当期损益的利得(或损失)。投资收益(或损失)是指企业以各种方式对外投资所取得的收益(或发生的损失)。

(2)利润总额 = 营业利润 + 营业外收入 - 营业外支出。

(3)净利润 = 利润总额 - 所得税费用。

所得税费用是指企业确认的应从当期利润总额中扣除的所得税费用。

利润表的格式与结构

利润表作为一个反映企业经营成果的会计报表，必须包括影响某一会计期间的所有损益内容，既要包括来自生产经营方面已实现的各项收入，已耗费需要在本期配比的各项成本、费用，也包括本期发生的各项营业外收支。利润表的格式有多步式和单步式两种。

一、单步式利润表

单步式利润表，是将当期企业所有收入(包括营业外收入)及所有费用(包括营业外支出)分别汇总，两者相减而一次得出本期收益或亏损的利润表格式。单步式利润表对一切收入和费用、支出一视同仁，不分先后。其缺点是一些有意义的中间信息，如销售毛利、营业利润、利润总额等均未直接反映，不利于不同企业或同一企业不同时期相应项目的比较。

在我国，单步式利润表主要用于那些业务比较简单的服务咨询行业和某些实行企业化管理的事业单位。其基本格式如表 5－2 所示。

表 5－2　单步式利润表

编制单位：　　　　　　　　年　　月　　　　　　　　单位：元

项目	行次	本月数	本年累计数
一、营业收入和收益			
其中：主营业务收入			
其他业务收入			
营业外收入			

（续表）

项目	行次	本月数	本年累计数
投资收益			
营业收入和收益合计			
二、营业成本和费用			
其中：主营业务成本			
主营业务税金及附加			
其他业务支出			
销售费用			
管理费用			
财务费用			
营业外支出			

二、多步式利润表

多步式利润表是按照企业利润的构成内容分层次、分步骤地逐步、逐项地计算编制而成的报表。它根据经营活动的主次和经营与非经营活动对企业利润的贡献情况排列编制。我国企业一般采用多步式格式的利润表。

新会计准则对利润表的编制带来如下影响。

(1)利润表格式发生重大变化，不再区分主营业务与非主营业务利润，要求计算出每股收益。原利润表基本内容包括五个大项：主营业务收入、主营业务利润、营业利润、利润总额、净利润，新会计准则下编制的利润表基本内容同样是五个大项，但有较大变化，分别是：营业收入、营业利润、利润总额、净利润、每股收益。新利润表在净利润下增设了每股收益，包括基本每股收益和稀释每股收益，这与以前经常运用的全面摊薄每股收益存在较大的区别，基本每股收益不再是简单地用净利润除以期末股本计算，其中股本需要考虑 IPO、再融资等导致的加权因素，在企业存在可转换公司债券、认股权证等潜在普通股的情况下，还要求计算出稀释每股收益。

（2）营业利润的构成发生重大变化，计入了投资收益以及部分利得和损失。在原利润表中，“投资收益”列在营业利润之后，新利润表按“收入”具体会计准则进行了调整，将“投资收益”列入营业利润，同时将部分利得和损失（如“公允价值变动收益”、“资产减值损失”）也记入了营业利润。

（3）对直接进入利润的利得和损失要单独列示，合理利用，正确评估。新会计准则规定在利润表中对“公允价值变动损益”、“资产减值损失”、“非流动资产处置损益”项目要单独列示。

（4）新准则对所得税会计进行了多方面的修正，新利润表中“所得税费用”替代了以前的“所得税”。

多步式利润表如表 5－3 所示。

表 5－3　多步式利润表

<table>
<tr><th>项目</th><th>本期金额</th><th>上期金额</th></tr>
<tr><td>一、营业收入</td><td>＝“主营业务收入”＋“其他业务收入”</td><td rowspan="7">根据上年该期利润表“本期金额”栏内所列数字填列</td></tr>
<tr><td>减：营业成本</td><td>＝“主营业务成本”＋“其他业务成本”</td></tr>
<tr><td>营业税金及附加</td><td>＝“营业税金及附加”</td></tr>
<tr><td>销售费用</td><td>＝“销售费用”</td></tr>
<tr><td>管理费用</td><td>＝“管理费用”</td></tr>
<tr><td>财务费用（收益以“－”号填列）</td><td>＝“财务费用”</td></tr>
<tr><td>资产减值损失</td><td>＝“资产减值损失”</td></tr>
</table>

（续表）

项目	本期金额	上期金额
加：公允价值变动净收益（净损失以“－”号填列）	＝“公允价值变动损益”	
投资收益（损失以“－”号填列）	＝“投资损益”	
二、营业利润（亏损以“－”号填列）	推算认定	
加：营业外收入	＝“营业外收入”	
减：营业外支出	＝“营业外支出”	
三、利润总额（亏损总额以“－”填列）	推算认定	
减：所得税费用	＝“所得税费用”	
四、净利润（净亏损以“－”填列）	推算认定	
五、每股净收益：		
（一）基本每股收益	＝“归属于普通股股东的当期净利润”÷“当期发行在外普通股的加权平均数”	
（二）稀释每股收益	＝“归属于普通股股东的当期净利润”÷“假定稀释性潜在普通股转换为已发行普通股的前提下普通股股数的加权平均数”	

利润表的具体解析

所有者权益变动的项目包括上年年末余额、本年年初余额、本年增减变动、本年年末余额四个方面。

一、盈利结构分析

企业的盈利结构是指构成企业利润的各种不同性质的盈利的有机搭配比例。通过对企业盈利结构的分析，不仅要认识不同的盈利项目对企业盈利能力影响的性质，而且要掌握它们各自的影响程度。

首先要进行收支结构分析。收支结构分析的起点是了解企业在一定时期的总收入、总支出以及总利润，判断企业盈利形成的收支成因。其次，分析揭示各个具体的收入项目或支出项目占总收入或总支出的比重，然后进行盈利结构分析，将不同性质的收入和支出按照业务加以配比，计算出相应业务的利润。企业利润主要由主营业务利润、其他业务利润、投资收益和营业外收支差额构成。其中，主营业务利润是企业利润的主要来源，是盈利能力判定的关键。分析企业总利润中各种利润所占的比重，可以揭示盈利的内在品质。

此外，还可以根据主营业务利润、营业利润以及利润总额不同的盈亏状况对企业所处形势进行分析和决策。盈利结构对盈利的影响如图 5 –3 所示。

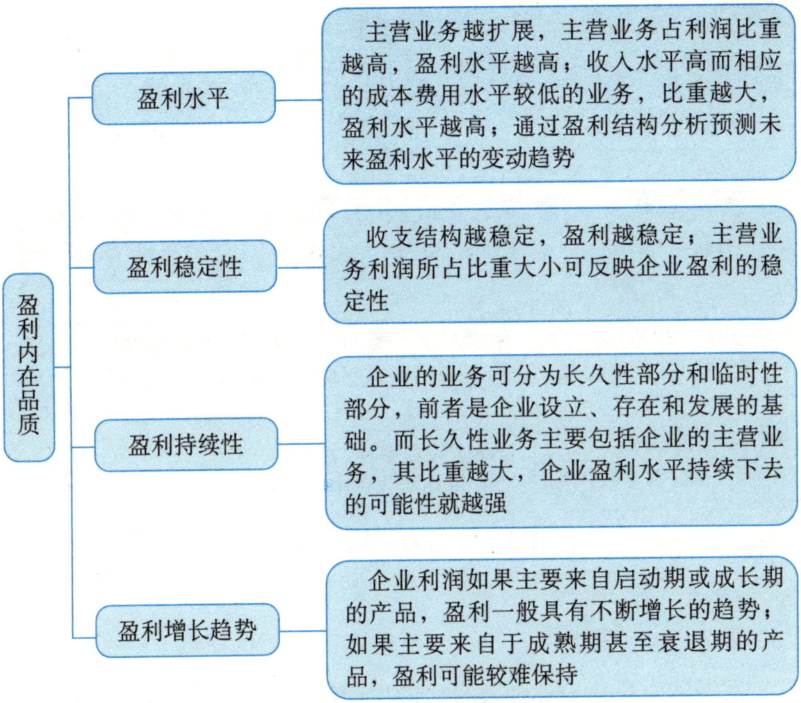

图 5－3　盈利结构对盈利内在品质的影响

二、盈利能力分析

盈利能力是指企业获取利润的能力。对投资人来说，企业盈利能力的强弱直接影响他们的权益；对债权人来说，企业盈利能力的强弱也会影响他们的权益；对企业经营者来说，盈利能力是企业财务结构和经营绩效的综合体现。

对盈利能力的分析主要是通过指标进行的，包括与经营有关的盈利能力分析指标、与投资有关的盈利能力分析指标和与费用有关的盈利能力分析指标，这些指标多为比率的形式，能够更加准确地反映企业的盈利水平和盈利能力。盈利能力分析指标如图 5－4 所示。

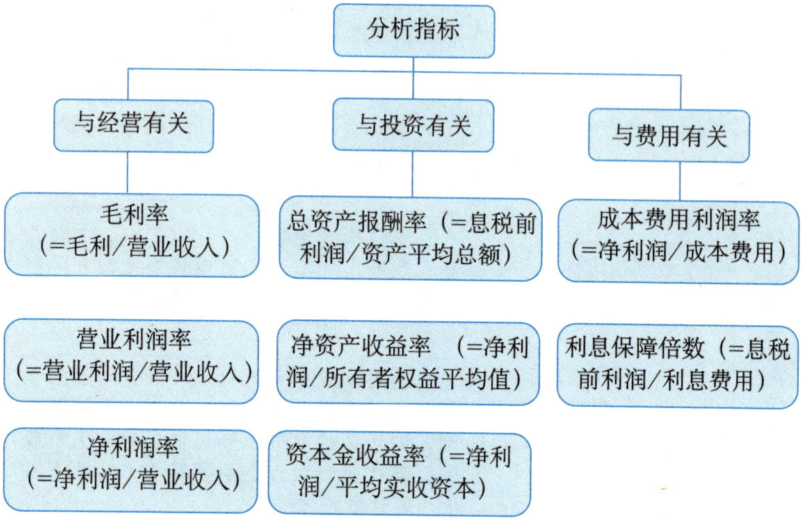

图5－4　盈利能力分析指标

三、发展能力分析

发展能力是指企业通过自己的生产经营活动，用内部形成的资金而投资发展的能力，主要源于企业的营业收入和企业降低开支而节约的资金，是企业真正拥有的自身发展能力。企业自身的发展能力＝税后利润＋折旧费＋固定资产盘亏和出售净损失＋计提坏账－固定资产盘盈和出售净收益－收回未发生的坏账。企业自身发展能力主要用于技术改造、扩大生产、产品换购等项目或者直接运用到当前的生产经营活动中。

发展是企业的生存之本，获利之源。企业在注重自身发展能力的同时，发展贵在可持续性，企业的资本实力和潜在盈利能力是衡量和评价企业持续稳定发展的实质内容，包括企业的营业收入增长能力、资产增长能力和资本扩张能力。可持续发展能力分析指标如图5－5所示。

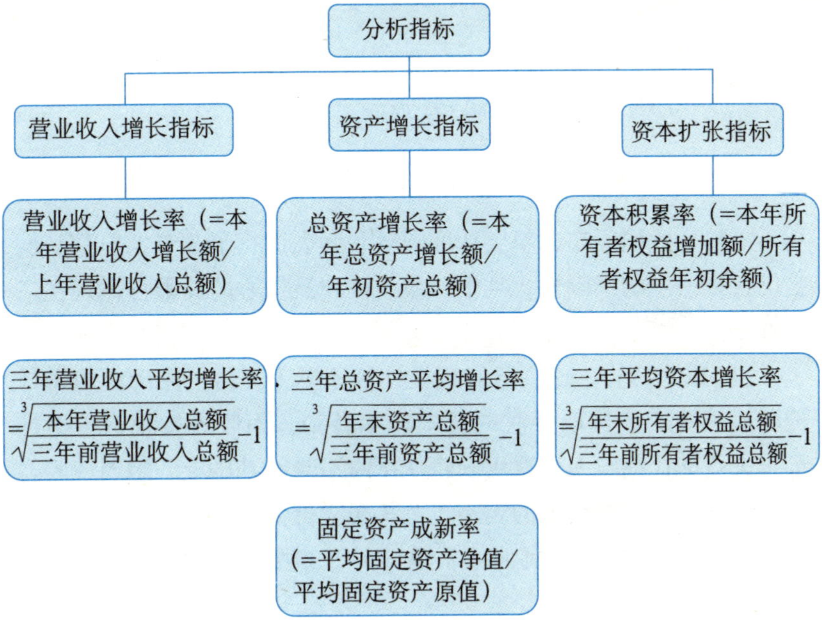

图 5-5　可持续发展能力分析指标

利润表的局限性

虽然，我国颁布的新会计准则对利润表进行了改革，但是利润表仍存在一定的局限性，其中，最关键和最核心的局限性体现在三个方面。

(1)成本核算。这主要体现在计价原则上。由于用历史成本计价所耗用的资产按取得时的历史成本转销，而收入按现行价格计量，进行配比的收入与费用未建立在同一时间基础上，因而使收益的计量缺乏内在逻辑上的统一。尤其在物价上涨的情况下，无法区别企业的持有收益及营业收益，常常导致虚盈实亏的现象，进而影响企业的持续经营能力。

(2)风险估计。风险估计体现在对收入的区分上。由于不同性质的收入不加区分，如收现的收入与赊销的收入均反映在利润表中，没有考虑赊销收入的风险，因而利润表中的收入是被高估的，未能体现谨慎性原则；同时，在财务分析时，由于计算出来的应收账款周转率有误差，从而不利于评价应收账款的流动性。

(3)利润表中没有单独列示“存货销售成本”，使得对“存货周转次数”或“存货周转天数”的计算造成较大误差，不容易评价企业的存货流动性。

(4)科目内容设置。一是利润表中没有单独列示“存货销售成本”，使得对“存货周转次数”或“存货周转天数”的计算造成较大的误差，不容易评价企业的存货流动性；二是财务费用内容不合理。我国企业将银行存款利息收入记入财务费用，这种做法不妥。首先，有时利润表上的财务费用变为负数，令国外看了百思不得其解；其次，给财务分析评价带来很大不便。

(5)我们也要了解，利润表本身也是会计准则所给出的。而会计准则更多的给予了企业会计政策的选择权，也给企业调节甚至操纵利润的空间，在理论上，不管是线上线下项目，还是盈余管理，实际上都与更深层次的准则设计和人为作用相关。

现金为王——解读现金流量表

现金是一个企业的血液，现金的充足与否影响着企业的运营。在日益崇尚“现金至尊”的现代理财环境中，现金流量表分析对信息使用者来说显得更为重要。这是因为现金流量表可清楚地反映出企业创造净现金流量的能力，更为清晰地揭示企业资产的流动性和财务状况。

在这一章，你将会知道

◇ 现金流量表概述。

◇ 现金流量表的格式与内容。

◇ 现金流量表的具体解析。

◇ 现金流量表的局限性。

现金流量表概述

现金流量是一定期间内现金流入或流出的数额。这里的现金与我们平常所说的现金的意义有所不同，包括库存现金、银行存款、其他货币资金及现金等价物等。现金的重要特征之一是其相当强的流动性，所以，归于"现金"的银行存款和其他货币资金必须是可以随时用于支付的。而现金等价物是指短期(不超过3个月)、高流动性的票据、证券投资等，易于转换为已知金额的现金，价值变动风险小。

一、现金流量表的含义及作用

现金流量表是以现金和现金等价物为编制基础，反映企业在一定会计期间的现金和现金等价物流入和流出的会计报表。企业编制现金流量表的目的是通过如实反映企业各项活动的现金流入、流出情况，从而有助于使用者评价企业的现金流和资金周转情况。现金流量表的作用如图6－1所示。

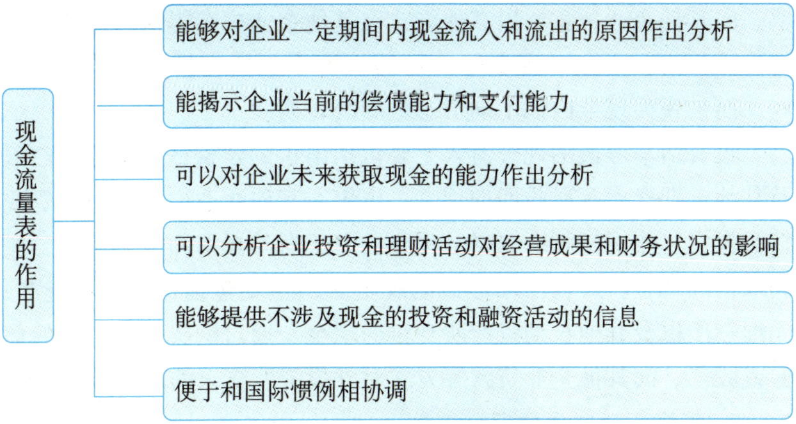

图6－1　现金流量表的作用

二、项目构成

引起企业现金流动的经济业务主要是：经营活动、投资活动和筹资活动。

1. 经营活动产生的现金流量

经营活动是企业为获取收入和盈利而必须进行的活动，是企业投资和筹资活动以外的所有交易和事项，包括在采购、生产、营销、研发、行政管理、人事管理、财务管理、会计核算等各个经营环节所进行的各种活动。

企业经营活动是对现金流量影响最大的因素，企业通过运用所拥有和控制的资产创造出现金流量，这些项目通常与净利润有直接或间接的联系。经营活动产生的现金流入主要是通过销售商品、提供服务所收到的现金；经营活动产生的现金流出主要包括购买商品、劳务所支付的现金，支付给员工的工资，上缴的税金以及日常费用流出的现金等。

2. 投资活动产生的现金流量

投资活动是指企业购置长期资产、购买其他企业的债券或股票、向其他企业贷款、以其他方式在其他企业中获得债权或所有权的经济行为。企业对现金等价物的投资不包括在投资活动范围之内，而被视为现金内部不同形态之间的转换。

投资活动形成的现金流入主要包括出售固定资产、无形资产以及其他长期资产等所收回的现金，出售在其他企业中的债务投资或权益投资、收回贷款所取得的现金，由于对外投资而收到利息、股利取得的现金。投资活动形成的现金流出主要包括构建固定资产、无形资产以及其他长期资产所支付的现金，通过购买其他企业的债券或股票、向其他企业贷款等方式对外投资所支出的现金等。

3. 筹资活动产生的现金流量

融资活动是指企业通过发行股票、债券、对外借款等方式获得资金，并导致企业所有权益及负债的规模和构成发生变化的活动。

筹资活动所形成的现金流入主要包括通过发行股票等权益融资方式取得现金，通过发行债券、票据、借款等债务融资方式取得现金等；筹资活动形成的现金流出主要包括回购已发行股票支付的现金、偿还债务支付的现金，以及由于股利或利息所支付的现金等。

每个企业由于行业特点、业务特点不同，可能对现金流量的划分有着自身的独特之处，企业应将其对现金流量的归类方法作为固定的会计政策，前后各期保持一致，并在报表附注中进行适当的说明。

现金流量表的格式与内容

一、现金流量表的格式

现金流量表分正表和补充资料两部分。

1. 现金流量表正表

现金流量表正表部分是现金流量表的主体。报表以“现金流入－现金流出＝现金流量净额”为基础，结构为报告式结构，采取多步式，分别经营活动、投资活动和筹资活动，分项报告企业的现金流入量和流出量，最后汇总反映现金及现金等价物的增加额。

2. 现金流量表补充资料

现金流量表补充资料细分为三部分：

(1)不涉及现金收支的投资和筹资活动。

(2)将净利润调节为经营活动的现金流量，即所谓现金流量表编制的净额法。

(3)现金及现金等价物净增加情况。

本章主要对正表部分进行分析，现金流量表的基本格式如表6－1所示。

表6－1　现金流量表

单位：元

项　　目	本期金额	上期金额
一、经营活动产生的现金		
销售商品、提供劳务收到的现金		
收到的税费返还		
收到其他与经营活动有关的现金		

（续表）

项　　目	本期金额	上期金额
经营活动现金流入小计		
购买商品、接受劳务支付的现金		
支付给职工以及为职工支付的现金		
支付的各项税费		
支付其他与经营活动有关的现金		
经营活动现金流出小计		
经营活动产生的现金流量净额		
二、投资活动产生的现金流量：		
收回投资收到的现金		
取得投资收益收到的现金		
处置固定资产、无形资产和其他长期资产收回的现金净额		
处置子公司及其他营业单位收到的现金净额		
收到其他与投资活动有关的现金		
投资活动现金流入小计		
购建固定资产、无形资产和其他长期资产支付的现金		
投资支付的现金		
取得子公司及其他营业单位支付的现金净额		
支付其他与投资活动有关的现金		
投资活动现金流出小计		
投资活动产生的现金流量净额		

（续表）

项　　目	本期金额	上期金额
三、筹资活动产生的现金流量：		
吸收投资收到的现金		
取得借款收到的现金		
发行债券收到的现金		
收到其他与筹资活动有关的现金		
筹资活动现金流入小计		
偿还债务支付的现金		
分配股利、利润或偿付利息支付的现金		
支付其他与筹资活动有关的现金		
筹资活动现金流出小计		
筹资活动产生的现金流量净额		
四、汇率变动对现金及现金等价物的影响		
五、现金及现金等价物净增加额		
加：期初现金及现金等价物余额		
六、期末现金及现金等价物余额		

二、基本内容

（一）经营活动

（1）销售商品、提供劳务收到的现金，反映企业主营业务和其他业务的现金收入。销售商品、提供劳务收到的现金 = 当期销售商品或提供劳务收到的现金收入 + 当期收到前期的应收账款 + 当期收到前期的应收票据 + 当期的预收账款 − 当期因销售退回而支付的现金 + 当期收回前期核销的坏账损失。

（2）收到的税费返还，反映企业收到返还的各种税费如所得税、消费税、营业税、返还的增值税、关税和教育费附加返还款等。

（3）收到的其他与经营活动有关的现金，包括补贴收入、捐赠收入、与经营活动有关的罚款收入等特殊项目，如果金额相对不大，可以包括在该项目中。

（4）购买商品、接受劳务支付的现金，反映企业主营业务、其他业务的现金流出，一般包括当期购买材料、商品、接受劳务支付的现金，支付应付款以及预付现金等。购买商品、接受劳务支付的现金＝当期购买商品、接受劳务支付的现金＋当期支付前期的应付账款＋当期支付前期的应付票据＋当期预付的账款－当期因购货退回收到的现金。

（5）支付职工以及为职工支付的现金，反映企业以现金方式支付给职工的工资和为职工支付的其他现金，包括工资、奖金以及各种补贴等。为职工支付的其他现金，如企业为职工交纳的养老、失业等社会保险基金、企业为职工交纳的商业保险金等。

（6）支付的各种税费，反映企业按国家规定于当前支付的增值税、所得税等各项税款。

（7）支付的其他与经营活动有关的现金，反映以现金支付的生产成本、制造费用、营业费用、管理费用，如保险费、差旅费、办公费等。

（二）投资活动

（1）收到投资所收到的现金包括两部分内容：一是投资本金；二是投资收益。反映企业出售、转让或到期收回除现金等价物以外的对其他企业的权益工具、债务工具和合营中的权益等投资收到的现金。

（2）取得投资收益所得到的现金，反映企业因对外投资而分得的股利、利息或利润，不包括股票股利。

（3）处置固定资产、无形资产和其他长期资产所收到的现金净额，反映企业出售固定资产、无形资产和其他长期资产所取得的现金扣除为出售这些资产而支付的有关费用后的净额。本项目还包括固定资产报废、毁损的变卖收益以及遭受灾害而收到的保险赔偿收入等。

(4)处置子公司及其他营业单位收到的现金净额，用于反映在丧失对子公司和其他营业单位控制权的当期，所收到的处置现金对价减去该子公司和其他营业单位在处置日所持有的现金及现金等价物以及相关处置费用之后的净额。

(5)收到取得其他与投资活动有关的现金，反映企业除了上述各项目以外所收到的其他与投资活动有关的现金流入。

(6)构建固定资产、无形资产和其他长期资产所支付的现金，反映企业为构建固定资产而支付的款项，包括购买机器设备所支付的现金及增值税款、建造工程支付的现金、支付在建工程人员的工资等现金支出。

(7)投资所支付的现金，反映企业取得除现金等价物以外的对其他企业的权益工具、债务工具和合营中的权益投资所支付的现金以及支付的佣金、手续费等交易费用。

(8)取得子公司及其他营业单位支付的现金净额，反映在非同一控制下企业合并以及同一控制下吸收合并或业务合并发生的当期，购买方以现金方式支付的合并对价，减去被购买(合并)的子公司或其他营业单位于购买日(或合并日)所持有的现金及现金等价物之后的净额。

(9)支付的其他与投资活动有关的现金，反映企业除了以上各项以外所支付的其他与投资活动有关的现金流出。

(三)筹资活动

(1)吸收投资所收到的现金，反映企业通过发行股票、债券等方式筹集资金实际收到的款项，减去支付的佣金、手续费、宣传费、咨询费等发行费用后的净额。

(2)取得借款收到的现金，反映企业举借各种短期借款、长期借款所收到的现金。

(3)发行债券收到的现金，反映企业发行债券筹集资金收到的现金，以发行债券实际收到的现金列示。

(4)收到的其他与筹资活动有关的现金，反映企业除上述各项目外所收到的其他与筹资活动有关的现金流入，如接受现金捐赠等。

(5)偿还债务所支付的现金，反映企业偿还债务本金所支付的现金，包括归还金融企业借款、偿付债券本金等。

(6)分配股利、利润或偿付利息所支付的现金，反映企业当期实际支付的现金股利、支付给投资单位的利润以及支付的借款利息、债券利息等。

(7)支付的其他与融资活动有关的现金，反映企业除上述各项目以外所支付的其他与融资活动有关的现金流出，如捐赠现金支出等。

现金流量表的具体解析

一、质量分析

现金流量的质量是指企业的现金流量能够按照企业的预期目标进行运转的质量。

(一)现金流量与资产总额的配比性

现金是企业对资产利用的结果，一个企业在一定时期内产生的现金流量规模与其资产总额之间存在一定的配比关系。高质量的现金流量要求企业对资产的合理运用以及对现金的良好管理。

(二)各类活动产生的现金流量质量分析

1. 经营活动现金流量质量分析

(1)经营活动现金净流量大于零。企业经营活动现金净流量占总现金净流量的比率越大，说明企业的现金状况越稳定。一般来说，当企业经营活动的净现金流量为正数时，表明企业所生产的产品适销对路、市场占有率高、销售回款能力较强，同时，企业的付现成本、费用控制在较适宜的水平上。

分析时还应关注大于零的程度，能否补偿非付现成本费用。如果企业当期经营活动现金净流量在大于零的基础上，还能补偿当期发生的非付现成本，说明剩余的现金在未来期间基本上不再为经营活动所需，则企业可以将这部分现金用于扩大生产规模，或者选择其他有盈利能力的项目进行投资，从而增加企业的竞争能力。但如果企业的当期经营活动现金净流量虽然大于零，但不足以补偿非付现成本费用，从长期看，企业经营活动产生的现金流量不可能维持企业经营活动的货币“简单再生产”，因此，对其质量仍然不能给予较高评价。

(2)经营活动现金净流量等于零。意味着经营过程中的现金“收支平衡”，长此以往不仅使得企业长期投资无法实施，而且对简单再生产的维持也只能停留在短期内，这种情况对企业的长远发展不利。

（3）经营活动现金净流量小于零。意味着经营过程的现金流转存在问题，经营中“入不敷出”，这是最糟糕的情况。这种情况下的企业不仅不能长期发展，甚至难以短期内进行简单再生产。

2. 投资活动现金流量质量分析

（1）投资活动现金净流量大于或者等于零。企业有可能面对两种不同的境况：一是企业资本运作收获显著、投资收益显著，尤其是短期投资回报收现能力较强；二是可能企业因为财务危机，同时又难以从外部筹资，而不得不处置一些长期资产，以补偿日常经营活动的现金需求。

（2）投资活动现金净流量小于零。企业投资收益状况较差，未取得经济效益，并导致现金净流出；企业当期有较大的对外投资，因为大额投资一般会形成长期资产，并影响企业今后的生产经营能力，所以，这种状况下对企业的长远发展有利；企业扩大再生产的能力较强、产业及产品结构有所调整、参与资本市场运作、实施股权及债权投资能力较强。

3. 筹资活动现金流量质量分析

（1）筹资活动现金流量大于零。一般来说，筹资活动的净现金流量为正数，则表明企业通过银行及资本市场的筹资能力较强，但应密切关注资金的使用效果，防止未来无法支付到期的负债本息而陷入债务危机。分析企业筹资活动产生的现金流量大于零是否正常，关键要看企业的筹资活动是否已纳入企业的发展规划，是企业管理层以扩大投资和经营活动为目标的主动行为，还是因投资活动和经营活动的现金流出失控不得已而为之的被动行为。

（2）筹资活动现金流量小于零。企业自身资金周转已经进入良性循环阶段、企业债务负担已经减轻、经济效益趋于增强，也可能是企业在投资活动和企业战略发展方面没有更多作为的一种表现，或者银行信誉已经丧失、未来资金周转将更趋紧张。

企业在不同发展阶段的现金流量特征如表6－2所示。

表6－2　企业在不同发展阶段的现金流量特征

经济寿命周期阶段	经营活动现金净流量	投资活动现金净流量	筹资活动现金净流量
初始开发阶段	（－）	（－）	（＋）
成长阶段	（＋）	（－）	（＋）
成熟阶段	（＋）	（＋）	（－）
衰退阶段	（－）	（＋）	（－）

二、结构分析

现金流量结构分析是通过计算企业各项现金流入量占现金总流入量的比例，以及各项现金流出量占现金总流出量的比例，揭示企业经营活动、投资活动和融资活动的特点及对现金净流量的影响方向和程度。现金流量表结构分析的指标如图6－2所示。

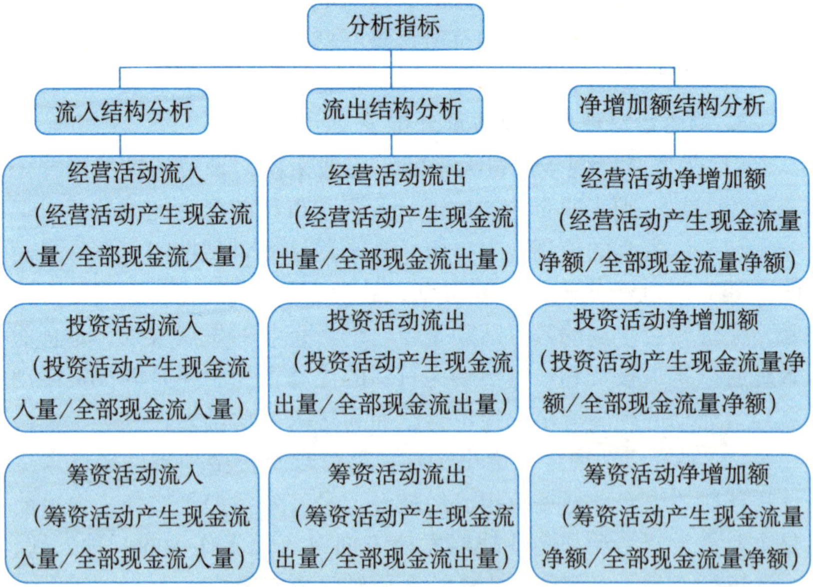

图6－2　现金流量表结构分析指标

(1)企业不可能长期依靠投资活动现金流入和筹资活动现金流入维持和发展，厚实的内部积累才是企业发展的基础。良好的经营活动现金流入才能增强企业的盈利能力，满足长短期负债的偿还需要，使企业保持良好的财务状况。因此，经营活动的净现金流入占总现金来源的比重越高，则表明企业的财务基础越稳定，支付能力越强。

(2)一般来说，经营活动的现金流出具有稳定性，在公司正常的经营活动中，现金流出的各期变化幅度通常不会太大，如出现较大变动，则需要进一步寻找原因。但投资和筹资活动的现金支出则可能起伏不定，因此，分析公司的现金流出结构很难采用一个统一的标准，而只能通过分析不同的现金流出结构来了解公司的发展战略。

(3)一个正常经营的企业，现金净增加额主要来源于经营活动，因为只有经营活动导致的现金净增加才是企业利润的真正来源。某一特定情况下，企业筹资活动或许成为现金增加的主要来源，但这种情况是不可能长久的。同样，企业也不可能以靠变卖长期资产等投资活动现金的增加来满足现金需求，这同样只能是暂时的。

三、趋势分析

现金流量表趋势分析就是将不同时期现金流量表指标一同列示，进行对比，以确定其增减差异和变动趋势的分析。具体思路是，分解现金净增加额，按照类别(经营活动、投资活动、筹资活动)对现金流量的变化结果(期末与期初)进行分解，分别考察其增减变化趋势。对现金流量表的趋势分析又可以分为下列两种方法。

1. 比较现金流量表分析

比较现金流量表分析是将连续若干期间的现金流量表数额或内部结构比率进行列示，用以考察企业各期现金流量的变化趋势。

2. 定比趋势分析

在比较现金流量表的基础上，可以进一步通过定比趋势分析了解企业连续期间的现金流量表的变动趋势、变动方向和变动速度。

与资产负债表和利润表的定比报表不同，现金流量表的许多科目在期初可能为零，这就导致以后期间的数额与之相比后没有意义，对于此类项目，一种处理方法是将其剔除，另一种方法是结合比较现金流量表进行逐项分析。

在进行趋势分析时，应该注意对结果的评价。考察现金流量的变化结果，不论出现哪种情况，均不能简单地得出企业现金流动状况“好转”、“恶化”或“维持不变”(与期初比)的结果。因为期末与期初数量的简单对比，并不足以说明更多的财务状况问题，要揭示现金状况的变动原因，只有分析各因素对现金流量的影响。在分析各因素引起的现金流量时，需要分清哪些是预算或计划中已安排的，哪些是因偶发性原因而引起的，并对实际与预算(计划)的差异进行分析。

现金流量表的局限性

现金流量表用来反映某一会计期间的现金流入和支出情况，投资者可以很直观地了解企业的现金管理状况。但是鉴于现金流量表的编制比较复杂，这使大部分投资者很难充分理解其信息，而且投资者对于“经营活动流量净额”过于看重，认为相对净利润而言，前者更能真实地反映企业获利信息。但是，这些观点较为片面，因为现金流量表本身具有一定的局限性。

(1)现金流量表的编制基础是现金制，因此，企业的当期业绩与“经营现金流量净额”没有必然联系，更不用说投资、筹资活动所引起的突发性现金变动了。

(2)在权责发生制下，企业的利润表可以正常反映当期赊销、赊购事项的影响，而现金流量表则是排斥商业信用交易的。不稳定的商业回款及偿债事项使得“经营现金流量净额”比“净利润”数据可能出现更大的波动性。

(3)现金流量表只是一种“时点”报表、一种“货币资金”项目的分析性报表。因此，其缺陷与资产负债表很相似。显而易见，特定时点的“货币资金”余额是可以操纵的。

(4)编制方法存在问题。尽管我国要求上市公司采用直接法编制现金流量表，但在无力进行大规模会计电算化改造和账务重整的现实条件下，这一目标是很难实现的。目前，绝大多数企业仍然采用间接法，通过对“净利润”数据的调整来计算“经营现金流量净额”，但这一方法的缺陷是非常明显的。

所有者权益变动表

所有者权益变动表是近年来出现的新面孔，之前是作为资产负债表附表出现的，所以，所有者权益变动表的地位是提高了。地位的提高源于作用的凸显，所有者权益变动表是资产负债表和损益表的纽带，反映了企业的全部收益。

在这一章，你将会知道

◇ 所有者权益变动表概述。

◇ 所有者权益变动表的结构与格式。

◇ 所有者权益变动表的具体解析。

◇ 所有者权益变动表的局限性。

所有者权益变动表概述

所有者权益变动表是反映企业在特定期间所有者权益变动情况的报表，详细列示所有者权益及其各组成项目的增减变动。所有者权益变动表是所有者了解其投资权益时不可或缺的重要信息。之前，所有者权益变动表属于公司资产负债表的附表，在 2006 年新颁布的《企业会计准则第 30 号——财务报表列报》中，所有者权益变动表成为了财务报表的主要报表之一。

一、所有者权益变动表的作用

所有者权益变动表的作用体现在以下方面，如图 7－1 所示。

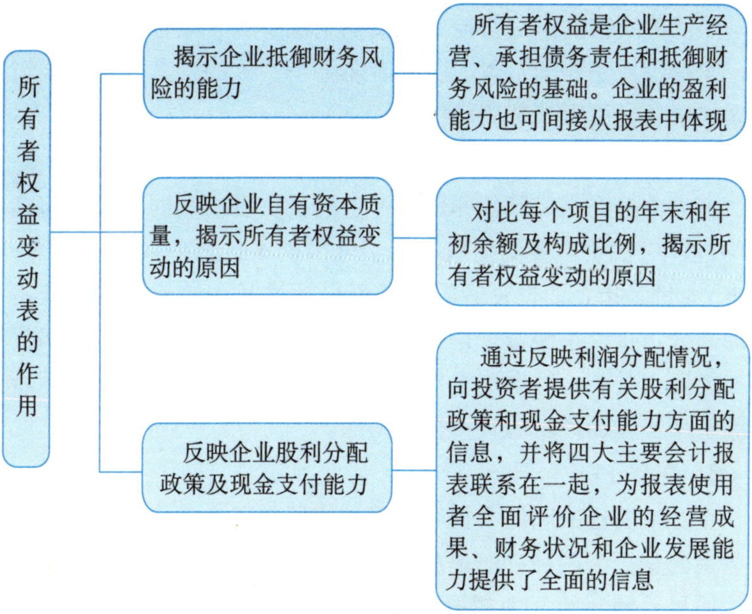

图 7－1 所有者权益变动表的作用

二、所有者权益的项目构成

所有者权益的分类与报表使用者的需求相关，所有者权益必须区分各种投入资本的来源、股本交易产生的溢价及营业结果产生的权益等，其分类必须能反映企业所有者拥有收取股利或收回资本的不同权利，也能指出法律或其他规定对于企业分配或使用权益的限制。所有者权益的项目构成如图 7－2 所示。

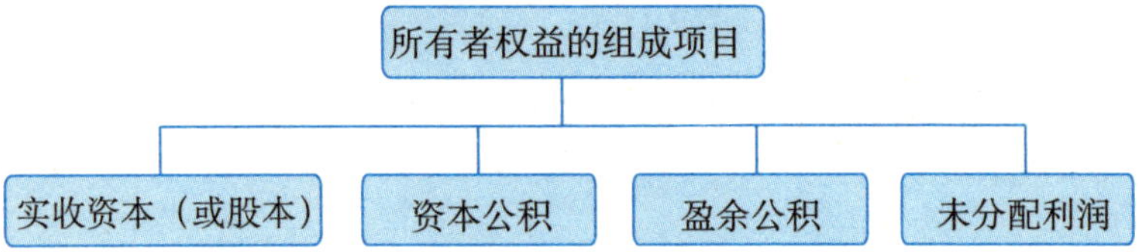

图 7－2　所有者权益变动表的项目构成

1. 实收资本(或股本)

企业的实收资本是指投资者按照企业章程，或合同、协议的约定，实际投入企业的资本。所有者向企业投入的资本，在一般情况下无须偿还，可以长期周转使用。

2. 资本公积

资本本身升值或其他原因而产生的投资者的共同权益。包括资本(或股本)溢价、接受捐赠资产、外币资本折算差额等。资本(或股本)溢价是指企业投资者投入的资金超过其在注册资本中所占份额的部分；接受捐赠资产是指企业因接受现金和非现金资产捐赠而增加的资本公积；外币资本折算差额是指企业接受外币投资因所采用的汇率不同而产生的资本折算差额。

3. 盈余公积

企业从实现的利润中提取或形成的留存于企业内部的积累。一般盈余公积分为两种：一是法定盈余公积。上市公司的法定盈余公积按照税后利润的 10% 提取，法定盈余公积累计额已达注册资本的 50% 时可以不再提取；二是任意盈余公积，主要是上市公司按照股东大会的决议提取。

4. 未分配利润

企业留待以后年度进行分配的结存利润，也是企业所有者权益的组成部分。从数量上来讲，未分配利润是期初未分配利润，加上本期实现的净利润，减去提取的各种盈余公积和分配利润后的余额。

此外，还有一个应该注意的项目——库存股，它是指由公司购回而没有注销、并由该公司持有的已发行股份。库存股在回购后并不注销，而由公司自己持有，在适当的时机再向市场出售或用于对员工的激励。在所有者权益变动表中，库存股属于减项。

所有者权益变动表的结构与格式

所有者权益变动表属于动态报表，包括表首、正表两部分。其中，表首说明报表的名称、编制单位、编制日期、报表编号、货币名称、计量单位等；正表是所有者权益变动表的主体，具体说明所有者权益变动表的各项内容。

正表以矩阵的形式列示：一方面，列示导致所有者权益变动的交易或事项，改变了以往仅仅按照所有者权益的各组成部分反映所有者权益变动情况，而是从所有者权益变动的来源对一定时期所有者权益变动情况进行全面反映；另一方面，按照所有者权益各组成部分(包括实收资本、资本公积、盈余公积、未分配利润和库存股)及其总额列示交易或事项对所有者权益的影响。此外，企业还需要提供比较所有者权益变动表，即各项目再分为“本年金额”和“上年金额”两栏分别填列。具体内容如表 7 - 1 所示。

表 7 - 1　所有者权益变动表

编制单位：　　　　　　　　　年度：　　　　　　　　　单位：元

项目	本年金额							
	归属母公司的所有者权益						少数股东权益	所有者权益合计
	实收资本	资本公积	减：库存股	盈余公积	未分配利润	其他		
一、上年年末余额								
加：会计政策变更								
前期差错更正								
二、本年年初余额								

（续表）

项目	本年金额							
	归属母公司的所有者权益						少数股东权益	所有者权益合计
	实收资本	资本公积	减：库存股	盈余公积	未分配利润	其他		
三、本年增减变动额								
（一）净利润								
（二）其他综合收益								
上述（一）和（二）小计								
（三）所有者投入和减少资本								
1. 所有者投入资本								
2. 股份支付计入所有者权益的金额								
3. 其他								
（四）分配利润								
1. 提取盈余公积								
2. 对所有者（或股东）的分配								
3. 其他								
（五）所有者权益内部结转								
1. 资本公积转增资本（或股本）								

（续表）

项目	本年金额							
	归属母公司的所有者权益						少数股东权益	所有者权益合计
	实收资本	资本公积	减：库存股	盈余公积	未分配利润	其他		
2. 盈余公积转增资本（或股本）								
3. 盈余公积弥补亏损								
4. 其他								
四、本年年末余额								

（1）“上年年末余额”项目，反映企业上年资产负债表中实收资本（或股本）、资本公积、盈余公积、未分配利润的年末余额。

（2）“会计政策变更”和“前期差错更正”项目，分别反映企业采用追溯调整法处理的会计政策变更的累积影响金额和采用追溯重述法处理的会计差错更正的累积影响金额，根据“盈余公积”、“利润分配”、“以前年度损益调整”等科目的发生额分析填列。

（3）“本年增减变动额”项目分别反映如下内容：

①“净利润”项目，反映企业当年实现的净利润（或净亏损）金额，并对应列在“未分配利润”栏。

②“其他综合收益”项目，反映企业当年根据企业会计准则规定未在损益中确认的各项利得和损失扣除所得税影响后的净额，并对应列在“资本公积”栏。

③“所有者投入和减少资本”项目，反映企业当年所有者投入的资本和减少的资本。其中，“所有者投入资本”项目，反映企业接受投资者投入形成的实收资本（或股本）和资本溢价或股本溢价，并对应列在“实收资本”和“资本公积”栏；“股份支付计入所有者权益

的金额”项目，反映企业处于等待期中的权益结算的股份支付当年计入资本公积的金额，并对应列在“资本公积”栏。

④“分配利润”下各项目，反映当年对所有者(或股东)分配的利润(或股利)金额和按照规定提取的盈余公积金额，并对应列在“未分配利润”和“盈余公积”栏。其中，“提取盈余公积”项目，反映企业按照规定提取的盈余公积；“对所有者(或股东)的分配”项目，反映对所有者(或股东)分配的利润(或股利)金额。

⑤“所有者权益内部结转”下各项目，反映不影响当年所有者权益总额的所有者权益各组成部分之间当年的增减变动，包括资本公积转增资本(或股本)、盈余公积转增资本(或股本)、盈余公积弥补亏损等金额。通过所有者权益内部结转项目可以全面反映所有者权益各组成部分的增减变动情况。

(4)本年年末余额项目，由以上各项计算填列。

所有者权益变动表的具体解析

一、所有者权益变动表的重点项目分析

1. 股本变动情况分析

股本是股东实际投入公司的资本，是公司经营的本钱，股本的大小反映公司经营的规模。股本的增加可以为公司提供经营的后盾和发展的动力。股本的增加主要源于以下方面，如图 7 – 3 所示。

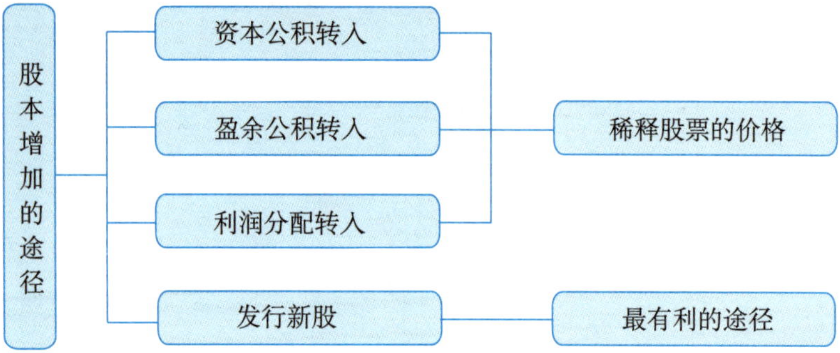

图 7 – 3　股本增加的途径

在分析公司股本增加的同时，分析营业收入和净利润是否相应增加，从而使得加权平均每股收益较上年有所增长。

股本的增加既能为公司发展累积物质基础，也有可能给公司带来新的问题，一味的提高股本规模不代表同样水平的股本盈利能力，公司应制定科学合理的扩张战略，充分利用募集的资金，壮大公司实力，同时，提高资金使用效率，增强盈利能力，形成新的利润增长点，为公司的持续发展奠定基础。

2. 资本公积变动情况分析

资本公积尽管属于投入资本的范畴，但它与实收资本又有所不同。实收资本一般是投资者投入的、为谋求价值增值的原始投资，而且属于法定资本，与企业的注册资本相一致，因此，实收资本无论是在来源上，还是金额上，都有比较严格的限制；而资本公积在金额上则并没有严格的限制，而且在来源上也相对比较多样，既可以来源于投资者的额外投入，也可以来源于除投资者之外的其他企业或个人的投入，如接受捐赠的资产等。所以，资本公积不是明确地属于某一投资人的，而是属于所有投资人的。

资本公积主要是用来转增资本(或股本)，虽然并不会改变企业所有者权益总额，但可以改变企业投入资本的结构，体现企业稳健持续发展的潜力。资本变动分析如表 7－2 所示。

表 7－2　资本变动分析

	原因	注意事项
增加分析	股本溢价和其他资本公积	来源的合法性与合理性；计算的准确性
减少分析	转增资本	转增额度的确定及对企业未来收益的影响

3. 盈余公积变动分析

盈余公积变动分析如表 7－3 所示。

表 7－3　盈余公积变动分析

变动情况	原因	具体说明
增加分析	法定盈余公积	按照企业净利润和法定比例计提的盈余公积
	任意盈余公积	企业在计提了法定盈余公积之后，根据企业政策自行决定提取的任意盈余公积

（续表）

变动情况	原因	具体说明
减少分析	转增股本	经股东大会批准，按照股东原有持股比例结转，转增后留存的盈余公积不得少于注册资本的25%
	弥补亏损	可用税前利润（5年）和税后利润弥补以前年度的亏损
	派送新股	现金股利和股票股利
	归还投资	中外合作经营企业在经营期间可能发生此盈余公积的变动

4. 利润分配的变动分析

利润分配是将企业实现的净利润，按照国家财务制度规定的分配形式和分配顺序，在国家、企业和投资者之间进行的分配。利润分配的过程与结果，是关系到所有者的合法权益能否得到保护，企业能否长期、稳定发展的重要问题，为此，企业必须加强利润分配的管理和核算。利润分配的顺序如图7－4所示。

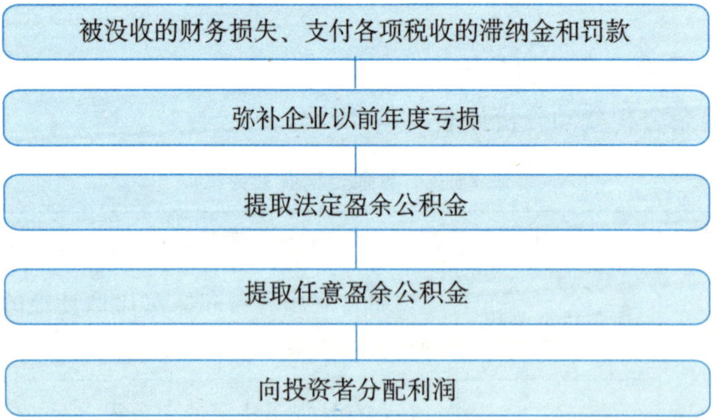

图7－4　利润分配顺序

二、所有者权益变动表的结构分析

所有者权益结构分析是指所有者权益的各项目金额占所有者权益总额的比重，它反映了企业所有者各项目的分布情况，揭示了企业的经济实力和风险承担能力。此外，由于所有者权益中的盈余公积和未分配利润属于留存收益，是企业税后利润分配的结果。因此，所有者结构分析也能反映出企业的内部积累能力以及间接地反映出企业的经营状况。

影响所有者权益的主要因素如图 7－5 所示。

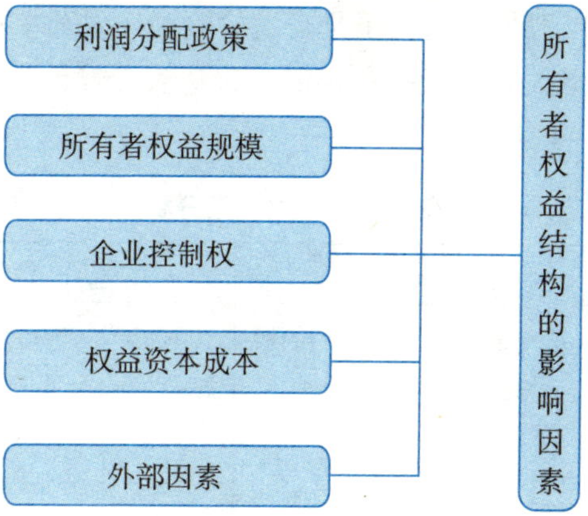

图 7－5　所有者权益的影响因素

1. 利润分配政策

直接影响企业投入资本和留用利润的结构。

2. 所有者权益规模

在其他条件不变或相对稳定的情况下，追加投资或法定收回投资或者盈余公积转增资本等，都会引起所有者权益总量或其中某项目总量的变动，进而引起所有者权益结构的变动。

3. 企业控制权

企业股东对于控制权的要求以及关于是否接受其他投资者投资

的决定直接影响所有者权益的结构。

4. 权益资本成本

权益资本与其他融资成本的差异决定企业行为，为降低融资成本，企业会尽量利用留用利润，从而改变权益结构。

5. 外部因素

经济环境、金融政策、资本市场状况等外部因素都会制约企业的融资方式选择，从而影响所有者权益结构。

三、股利政策对所有者权益变动影响的分析

股利政策是股份公司关于是否发放股利、发放多少以及何时发放的方针和政策，它对于所有者权益的变动有着重要影响。股利政策分析如表7－4所示。

表7－4　股利政策分析

股利政策	含义	影响
派现	派发现金股利，最常用的股利支付方式	减少资产和所有者权益的规模
送股	股票股利	企业资产、负债、所有者权益总额不变，所有者权益的内部结构发生变化
股票分割	股本总额不变，将每股股份分割为若干股，使股票面值降低而增加股票数量（不属于股利分配）	企业资产、负债、所有者权益总额不变，所有者权益的内部结构也不变化，但会使得每股收益、每股市价下降
库存股	公司收回已发行的且尚未注销的股票	作为所有者者权益的减项，不影响损益，只影响权益，库存股权力受限

（续表）

股利政策	含义	影响
股权流通	非流通股股东为获取流通权而付出的一种代价，对价的方式基本有四种：送股、送现金、送权证和缩股	前三者对资产、负债、所有者权益总额及其内部结构均无影响；缩股使注册资本和总股本减少，需做相应的会计处理

所有者权益变动表的局限性

现行所有者权益变动表在设计形式上一改以往仅仅按照所有者权益各组成部分反映所有者权益变动的情况，而是以矩阵的形式列报，既反映导致所有者权益变动的交易或事项，即按照所有者权益变动的来源对一定时期所有者权益变动情况进行全面反映，同时按照所有者权益各组成部分及其总额列示交易或事项对所有者权益的影响。但在设计方式全面创新的同时也出现了一些问题，比如内容上的混乱，分类上的不合理。所有者权益变动表的缺陷如图 7－6 所示。

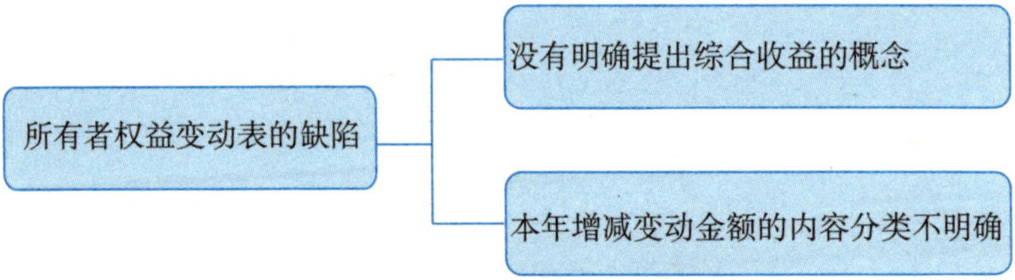

图 7－6　所有者权益变动表的缺陷

第八章

会计报表综合分析

企业的经济活动是一个有机的整体，要全面评价企业的经济效益，仅仅满足于财务单项分析所获得的局部分析资料是不够的，而应将相互关联的各项指标、各种报表联系在一起，从全局出发，进行全面、系统、综合的分析。会计报表综合分析就是将企业各项财务分析指标作为一个整体，系统、全面、综合地对企业财务状况和经营情况进行剖析、解释和评价，说明企业整体财务状况和效益的优劣。

在这一章，你将会知道

◇ 会计报表综合分析特点。

◇ 沃尔财务状况综合分析。

◇ 杜邦分析法。

◇ 雷达图法。

会计报表综合分析特点

会计报表综合分析与单项分析相比，具有以下特点，如表8－1所示。

表8－1　综合分析与单项分析比较一览表

	综合分析特点	单项分析特点
分析问题的方法	通过归纳综合，将个别财务现象从财务活动的总体角度作出总结	由一般到个别，把企业财务活动总体分解为每个具体部分，然后逐一加以考查分析
分析性质	高度的抽象性和概括性，着重从整体上概括财务状况的本质特征	具有实务性和实证性，通过单项分析能够认识每一个具体的财务现象，可以对财务状况和经营成果的某一方面作出判断和评价，并为综合分析提供良好的基础
分析的重点和比较基准	企业整体发展趋势，强调各种指标有主辅之分，要抓住主要目标	财务计划、财务理论标准，难以考虑各种指标之间的相互关系
财务指标在分析中的地位	强调各指标有主辅之分，并特别注意主辅指标间的本质联系和层次关系	每个分析的指标处于同等重要的地位，忽视各种指标之间的相互关系

两者之间又有一定的联系：

(1)单项分析能够真切地认识每一个具体的财务现象，可以对财务状况和经营成果的某一方面作出判断和评价，并为综合分析提供良好的基础。因此，要求各单项指标要素及计算的各项指标一定要真实、全面和适当，所设置的评价指标必须能够涵盖企业的盈利能力、偿债能力及营运能力等诸方面总体分析的要求。

(2)综合分析是在财务单项分析指标及其各指标要素的基础上抽象概括，把具体的问题提高到理性高度来认识，对企业的财务状况和经营业绩作出全面、完整和综合的评价。因此，只有把单项分析和综合分析结合起来，才能提高财务报表分析的质量。

会计报表综合分析的方法很多，本章主要介绍沃尔财务状况综合分析、杜邦财务比率分析和雷达图分析。

沃尔财务状况综合分析

沃尔分析法的先驱者之一亚历山大·沃尔在20世纪初出版的《信用晴雨表研究》和《财务报表比率分析》中，首次比较完整地应用沃尔分析法对企业的财务状况进行分析，以评价企业信用水平的高低。和杜邦分析法一样，随着时代巨变，沃尔分析法日益显示出它的局限性，但作为一种基本的财务指标评判方法，其思想理念、思维方式在目前仍有借鉴作用，而且随着社会的发展，沃尔分析法也在不断地发展完善之中。

一、沃尔分析法的评判程序

沃尔分析法主要是将若干财务指标通过线性组合，形成综合性的分值来评判企业的信用水平，它在企业财务指标综合评判中的基本程序如下，如图8－1所示。

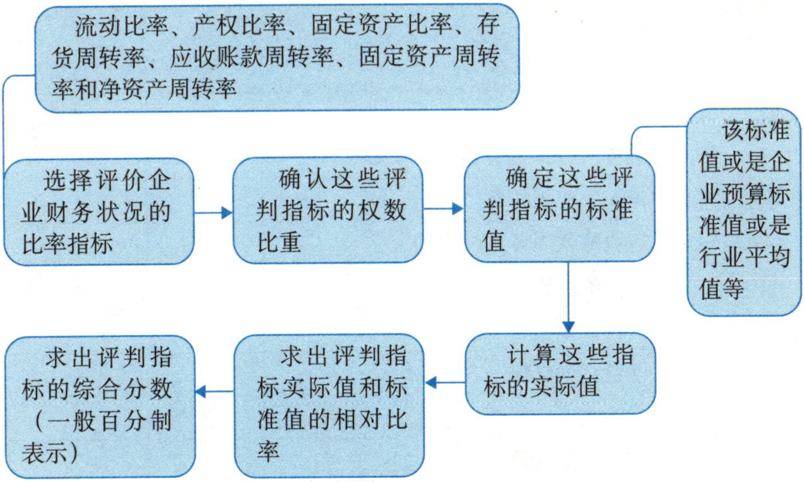

图8－1 沃尔分析法的评判程序

由此可见，利用沃尔分析法对企业财务指标进行统计分析大体可以分为两大步骤：综合评分标准的确定(即上述程序1到程序3)和公司财务状况实际评分(即上述程序4到程序6)。

二、沃尔分析法的缺陷及修正

原始意义上的沃尔分析法存在两个缺陷。

(1)表现在综合评分标准的确定过程中，无法证明每个指标所占的权数的合理性，因此，有关指标的权数确定只有结合具体企业的情况以及该行业长期实践进行不断的修正，才能设置出较为合理的权数比重。根据沃尔分析法的原则要求，某企业根据自己的实际情况编制了如下的财务指标权数表，如图8－2所示。

表8－2　某公司财务评判指标权数一览表

指标类别		指标属性	指标权数(评分值)
财务效益类指标	净资产收益率	正	30
	总资产报酬率	正	5
	营业收入利润率	正	5
	管理费用收入率	负	5
	销售费用收入率	负	5
资产营运类指标	总资产周转率(次数)	正	2
	流动资产周转率(次数)	正	2
	应收账款周转率(次数)	正	5
	不良资产比率	负	5
偿债能力类指标	资产负债率	负	8
	已获利息倍数	正	8
	流动比率	正	2
	现金流动负债比率	正	5
	长期资产适合率	正	3

（续表）

指标类别		指标属性	指标权数（评分值）
发展能力类指标	营业收入增长率	正	4
	资本积累率	正	3
	三年利润平均增长率	正	3
合计			100

（2）原始意义上的沃尔分析法的缺陷还表现在，沃尔分析法对公司财务状况实际评分时也遇到技术上的不合理，即个别指标的严重异常会对总体财务评分产生不合逻辑的重大影响。因此，在这里可以有针对性地对沃尔分析法进行改进，即对每个指标评分规定上限值和下限值，上限值定为正常评分值的1.5倍，下限值定为正常评分的0.5倍，而且给分不采取“乘”的关系，而采用“加”、“减”的关系处理。一般而言，如果下属单位正好完成预算指标，那么其理论得分为100分，超额完成预算，其理论得分在100～150之间，如果未能完成预算，则理论得分一般在50～100之间。但是如果象利润这样重大的指标出现亏损，则该企业的实际得分很可能低于理论最低得分下限50分，在0～50分之间。

有了上述的规定程序和修正后，在第一步骤综合评分标准的确定过程中，实际上已完成比率指标选择和指标权数界定两项工作，下面就是该如何确定各个评判指标的标准值。财务指标的标准值确认有一个原则，即各标准值是该企业现时条件下的最理想的指标数值。企业可以根据自己经营管理需要、所属行业特点来确定财务指标的标准值，在实际工作中，可以用上一年度指标、行业平均指标、预算考核指标等作为财务指标的标准值。

杜邦分析法

一、杜邦分析法解析

杜邦分析法利用几种主要的财务比率之间的关系来综合地分析企业的财务状况，这种分析方法最早由美国杜邦公司使用，故名杜邦分析法。杜邦分析法是一种用来评价公司赢利能力和股东权益回报水平，从财务角度评价企业绩效的一种经典方法。其基本思想是将企业净资产收益率逐级分解为多项财务比率的乘积，这样有助于深入分析比较企业的经营业绩。杜邦分析图如图 8－2 所示。

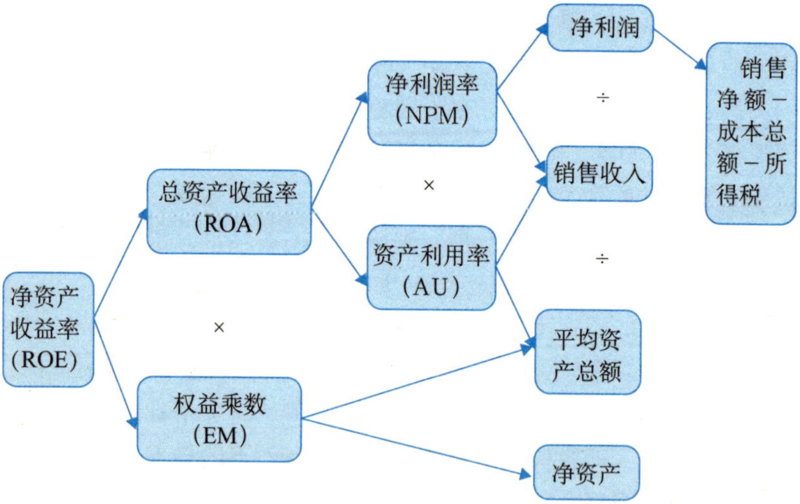

图 8－2　杜邦分析体系

杜邦分析图将净资产收益率分解为三部分：利润率、总资产周转率和财务杠杆。净资产收益率反映所有者投入资本的获利能力，反映企业筹资、投资、资产运营等活动的效率，它是一个综合性最强、最具代表性的一个指标，是杜邦系统的核心，该指标的高低取决于总资产净利率与权益乘数。

资产净利率是净利润与总资产平均余额之比，等于销售净利率与总资产周转率之积。资产净利率是影响权益净利率最重要的指标，具有很强的综合性，而资产净利率又取决于销售净利率和总资产周转率的高低。总资产周转率是反映总资产的周转速度。对资产周转率的分析，需要对影响资产周转的各因素进行分析，以判断影响公司资产周转的主要问题在哪里。销售净利率反映销售收入的收益水平。扩大销售收入、降低成本费用是提高企业销售利润率的根本途径，而扩大销售同时也是提高资产周转率的必要条件和途径。

权益乘数是平均资产与平均权益之比，用公式表示：

$$权益乘数=\frac{1}{1-资产负债表}$$

式中，资产负债率是指全年平均资产负债率，它是企业全年平均负债总额与全年平均资产总额之比。权益乘数主要受资产负债率的影响。负债比率大，权益乘数就高，说明企业有较高的负债程度，给企业带来了较多的杠杆利益，同时也给企业带来了较多的风险。企业既要充分有效地利用全部资产，提高资产利用效率，又要妥善安排资金结构。

销售净利率是净利润与销售收入之比，它是反映企业盈利能力的重要指标。提高这一比率的途径有扩大销售收入和降低成本费用等。

资产周转率是销售收入与资产平均总额之比，是反映企业运用资产以产生销售收入能力的指标。对资产周转率的分析，除了对资产构成部分从总占有量上是否合理进行分析外，还可通过流动资产周转率、存货周转率、应收账款周转率等有关资产使用效率的分析，以判断影响资产周转的主要问题所在。

杜邦财务指标体系的作用在于解释指标变动的原因和变动趋势。杜邦体系通过自上而下地分析、指标的层层分解来揭示出企业各项指标间的结构关系，查明各主要指标的影响因素，为决策者优化经营理财状况，提高企业经营效率提供思路。

杜邦模型最显著的特点是，将若干个用以评价企业经营效率和财务状况的比率按其内在联系有机地结合起来，形成一个完整的指标体系，并最终通过权益收益率来综合反映。采用这一方法，可使财务比率分析的层次更清晰、条理更突出，为报表分析者全面仔细地了解企业的经营和盈利状况提供方便。

杜邦分析法有助于企业管理层更加清晰地看到权益资本收益率的决定因素，以及销售净利率与总资产周转率、债务比率之间的相互关联关系，给管理层提供了一张明晰的考察公司资产管理效率和是否最大化股东投资回报的路线图。

二、杜邦分析法案例

杜邦财务分析法可以解释指标变动的原因和变动趋势，以及为采取措施指明方向。下面以 A 公司为例，说明杜邦分析法的运用。

A 公司的基本财务数据如表 8－3 所示。

表 8－3　基本财务数据

	净利润	销售收入	资产总额	负债总额	全部成本
2010 年	10 284.04	411 224.01	306 222.94	205 677.07	403 967.43
2011 年	12 653.92	757 613.81	330 580.21	215 659.54	736 747.24

该公司 2010—2011 年财务比率如表 8－4 所示。

表 8－4　财务比率

	权益净利率	权益乘数	资产负债率	资产净利率	销售净利率	总资产周转率
2010 年	0.097	3.049	0.672	0.032	0.025	1.34
2011 年	0.112	2.874	0.652	0.039	0.017	2.29

1. 对权益净利率的分析

权益净利率指标是衡量企业利用资产获取利润能力的指标。权益净利率充分考虑了筹资方式对企业获利能力的影响，因此，它所反映的获利能力是企业经营能力、财务决策和筹资方式等多种因素综合作用的结果。

该公司的权益净利率在2010—2011年间出现了一定程度的好转，分别从2010年的0.097增加至2011年的0.112。企业的投资者在很大程度上依据这个指标来判断是否投资或是否转让股份，考察经营者业绩和决定股利分配政策。这些指标对公司的管理者也至关重要。

公司经理们为改善财务决策而进行财务分析，他们可以将权益净利率分解为权益乘数和资产净利率，以找到问题产生的原因。

A公司权益净利率 = 权益乘数 × 资产净利率

2010年：0.097 = 3.049 × 0.032

2011年：0.112 = 2.874 × 0.039

通过分解可以明显地看出，该公司权益净利率的变动是资本结构(权益乘数)变动和资产利用效果(资产净利率)变动两方面共同作用的结果。而该公司的资产净利率太低，显示出很差的资产利用效果。

权益净利率 = 资产净利率 × 权益乘数

2010年：0.097 = 0.032 × 3.049

2011年：0.112 = 0.039 × 2.874

经过分解表明，权益净利率的改变是由于资本结构的改变(权益乘数下降)，同时资产利用和成本控制出现变动(资产净利率也有改变)。那么，我们继续对资产净利率进行分解：

资产净利率 = 销售净利率 × 总资产周转率

2010年：0.032 = 0.025 × 1.34

2011年：0.039 = 0.017 × 2.29

通过分解可以看出2011年的总资产周转率有所提高，说明资产的利用得到了比较好的控制，显示出比前一年较好的效果，表明该公司利用其总资产产生销售收入的效率在增加。总资产周转率提高的同时，销售净利率的减少阻碍了资产净利率的增加，下一步接着对销售净利率进行分解：

销售净利率 = 净利润 ÷ 销售收入

2010 年：0.025 = 10 284.04 ÷ 411 224.01

2011 年：0.017 = 12 653.92 ÷ 757 613.81

该公司 2011 年大幅度提高了销售收入，但是，净利润的提高幅度却很小，分析其原因是成本费用增多，从第一张表可知：全部成本从 2010 年 403 967.43 万元增加到 2011 年 736 747.24 万元，与销售收入的增加幅度大致相当。下面是对全部成本进行的分解：

全部成本 = 制造成本 + 销售费用 + 管理费用 + 财务费用

2010 年：403 967.43 = 373 534.53 + 10 203.05 + 18 667.77 + 1 562.08

2011 年：736 747.24 = 684 559.91 + 21 740.962 + 25 718.20 + 5 026.17

通过分解可以看出杜邦分析法有效地解释了指标变动的原因和趋势，为采取应对措施指明了方向。

在本例中，导致权益利润率小的主要原因是全部成本过大。也正是因为全部成本的大幅度提高导致了净利润提高幅度不大，而销售收入大幅度增加，就引起了销售净利率的减少，显示出该公司销售盈利能力的降低。资产净利率的提高应当归功于总资产周转率的提高，销售净利率的减少却起到了阻碍的作用。

A 公司下降的权益乘数，说明资本结构在 2010—2011 年发生了变动，2011 年的权益乘数较 2010 年有所减小。权益乘数越小，企业负债程度越低，偿还债务能力越强，财务风险程度越低。这个指标同时也反映了财务杠杆对利润水平的影响。财务杠杆具有正反两方面的作用。在收益较好的年度，它可以使股东获得的潜在报酬增加，但股东要承担因负债增加而引起的风险；在收益不好的年度，则可能使股东潜在的报酬下降。该公司的权益乘数一直处于2～5之间，即负债率在50%～80%之间，属于激进战略型企业。管理者应该准确把握公司所处的环境，准确预测利润，合理控制负债带来的风险。

因此，对于A公司当前最为重要的就是要努力减少各项成本，在控制成本上下力气，同时，要保持高的总资产周转率。这样，可以使销售利润率得到提高，进而使资产净利率有大的提高。

三、杜邦分析法的意义

1. 符合公司的理财目标

关于公司的理财目标，欧美国家的主流观点是股东财富最大化；日本等亚洲国家的主流观点是公司各个利益群体的利益有效兼顾。从股东财富最大化这个理财目标不难看出，杜邦公司把股东权益收益率作为杜邦分析法核心指标的原因所在。股东财富最大化是公司的理财目标，而股东权益收益率又是反映股东财富增值水平最为敏感的内部财务指标，所以，杜邦公司在设计和运用这种分析方法时把股东权益收益率作为分析的核心指标。

2. 有利于委托代理关系

股东投资者使用杜邦分析法其侧重点主要在于权益收益率多少、权益收益率升降影响、权益收益率升降的原因、相关财务指标的变动对权益收益率将会造成什么影响、应该怎么样去激励和约束经营者的经营行为才能确保权益收益率达到要求。而经营者使用杜邦分析法其侧重点主要在于：经营结果是否达到了投资者对权益收益率的要求，如果经营结果达到了投资者对权益收益率的要求，经营者的薪金将会达到多少，职位是否会稳中有升；如果经营结果达不到投资者对权益收益率的要求，薪金将会降为多少，职位是否会被调整；应该重点关注哪些财务指标；采取哪些有力措施才能使经营结果达到投资者对权益收益率的要求；才能使经营者薪金和职位都能够做到稳中有升。

但是，从企业绩效评价的角度来看，杜邦分析法只包括财务方面的信息，不能全面反映企业的实力，有很大的局限性，在实际运用中需要加以注意，必须结合企业的其他信息加以分析。主要表现在：

(1)对短期财务结果过分重视，有可能助长公司管理层的短期行为，忽略企业长期的价值创造。

(2)财务指标反映的是企业过去的经营业绩，衡量工业时代的企业能够满足要求。但在目前的信息时代，顾客、供应商、雇员、技术创新等因素对企业经营业绩的影响越来越大，而杜邦分析法在这些方面是无能为力的。

(3)在目前的市场环境中，企业的无形资产对提高企业长期竞争力至关重要，杜邦分析法却不能解决无形资产的估值问题。

雷达图法

雷达图分析法也称综合财务比率分析图法，又可称为戴布拉图、蜘蛛图，是日本企业界的综合实力进行评估而采用的一种财务状况综合评价方法。按这种方法所绘制的财务比率综合图状似雷达，故得此名。

雷达图解决的问题有：综合分析和评价企业经营状况；寻找企业的优势和弱势；在经理人的日常管理中，也可以用这个图来分析所在部门的工作业绩处于什么水平上。

雷达图是对客户财务能力分析的重要工具，从动态和静态两个方面分析客户的财务状况。静态分析将客户的各种财务比率与其他相似客户或整个行业的财务比率作横向比较；动态分析把客户现时的财务比率与先前的财务比率作纵向比较，可以发现客户财务及经营情况的发展变化方向。雷达图把纵向和横向的分析比较方法结合起来，计算客户综合的收益性、成长性、安全性、流动性及生产性这五类指标。

1. 收益性指标

分析收益性指标的目的在于观察客户一定时期的收益及获利能力。主要指标含义及计算公式如表 8－5 所示。

表 8－5 企业收益性指标

收益性比率	基础含义	计算公式
资产报酬率	反映企业总资产的利用效果	（净收益＋利息费用＋所得税）/平均资产总额
所有者权益报酬率	反映所有者权益的回报	税后净利润／所有者权益

（续表）

收益性比率	基础含义	计算公式
普通股权益报酬率	反映股东权益的报酬	（净利润 - 优先股股利）/ 平均普通股权益
普通股每股收益额	反映股东权益的报酬	（净利润 - 优先股股利）/ 普通股股数
股利发放率	反映股东权益的报酬	每股股利 / 每股利润
市盈率	反映股东权益的报酬	普通股每股市场价格 / 普通股每股利润
销售利税率	反映企业销售收入的收益水平	利税总额 / 净销售收入
毛利率	反映企业销售收入的收益水平	销售毛利 / 净销售收入
净利润率	反映企业销售收入的收益水平	净利润 / 净销售收入
成本费用利润率	反映企业为取得利润所付的代价	（净收益 + 利息费用 + 所得税）/ 成本费用总额

2. 安全性指标

安全性指标是客户经营的安全程度，也可以说是资金调度的安全性。分析安全性指标的目的在于观察客户在一定时期内的偿债能力。主要指标含义及计算公式如表 8 - 6 所示。

表 8 - 6 企业安全性指标

安全性比率	基础含义	计算公式
流动比率	反映企业短期偿债能力和信用状况	流动资产/流动负债

（续表）

安全性比率	基础含义	计算公式
速动比率	反映企业立刻偿付流动负债的能力	速动资产/流动负债
资产负债率	反映企业总资产中有多少负债	负债总额/资产总额
所有者权益比率	反映企业总资产中有多少所有者权益	所有者权益/资产总额
利息保障倍数	反映企业经营所得偿付借债利息的能力	（税前利润－利息费用）/利息费用

其中，流动负债说明每1元负债有多少流动资金作为保证，比率越高，流动负债得到偿还的保障就越大。但比率过高，则反映客户滞留在流动资产上的资金过多，未能有效利用，可能会影响客户的获利能力，经验认为，流动比率在2:1左右比较合适。从流动资产中扣除存货后则为“速动资产”，经验认为，速动比率在1:1左右较为合适。

资产负债率越高，客户借债资金在全部资金中所占比重越大，在负债所支付的利息率低于资产报酬率的条件下，股东的投资收益率就越高，对股东有利，说明经营有方，善用借债。但是，比率越高，借债越多，偿债能力就越差，财务风险就越大。而负债比率越低，说明客户在偿债时存在着资金缓冲。因此，资产负债率也要保持适当的水平，一般来说，低于50%的资产负债率比较好。

所有者权益比率与资产负债率之和等于1，所有者权益比率越大，资产负债比率越小，财务风险就越小。利息保障倍数如果比率低于1，说明客户经营所得还不足以偿付借债利息，因此，该比率至少应大于1，比率越高，说明按时按量支付利息就越有保障。

3. 流动性指标

分析流动性指标的目的在于观察客户在一定时期内资金周转状况，掌握客户资金的运用效率。主要指标含义及计算公式如表8－7

所示。

表 8－7　企业流动性指标

流动性比率	基础含义	计算公式
总资产周转率	反映全部资产的使用效率	销售收入/平均资产总额
固定资产周转率	反映固定资产的使用效率	销售收入/平均固定资产总额
流动资产周转率	反映流动资产的使用效率	销售收入/平均流动资产总额
应收账款周转率	反映年度内应收账款的变现速度	销售收入/平均应收账款
存货周转率	反映存货的变现速度	销售成本/平均存货

总资产周转率、固定资产周转率、流动资产周转率分别反映全部资产、固定资产和流动资产的使用效率，比率越高，说明资产利用率越高，获利能力强；应收账款周转率反映年度内应收账款转为现金的平均次数，比率越高，说明客户催收账款的速度越快，坏账损失的可能性越小；存货周转率越高，说明投入存货至销售收回的平均期间就越短，资金回收越快，效率越高。

4. 成长性指标

分析成长性指标的目的在于观察客户在一定时期内经营能力的发展变化趋势。一个客户即使收益高，但成长不好，表明其未来盈利能力下降。因此，以发展的眼光看客户，动态的分析客户财务资料，对战略制定来讲特别重要。计算这类指标比较简单，如表 8－8 所示。

表 8－8　企业成长性指标

成长性比率	基本含义	计算公式
销售收入增长率	反映销售收入变化趋势	本期销售收入/前期销售收入
税前利润增长率	反映税前利润变化趋势	本期税前利润/前期税前利润
固定资产增长率	反映固定资产变化趋势	本期固定资产/前期固定资产
人员增长率	反映人员变化趋势	本期职工人数/前期职工人数
产品成本降低率	反映产品成本变化趋势	本期产品成本/前期产品成本

5. 生产性指标

分析生产性指标的目的在于了解在一定时期内客户的生产经营能力、水平和成果的分配。主要指标如表 8－9 所示。

表 8－9　企业生产性指标

生产性比率	基本含义	计算公式
人均销售收入	反映企业人均销售能力	销售收入/平均职工人数
人均净利润	反映企业经营管理水平	净利润/平均职工人数
人均资产总额	反映企业生产经营能力	资产总额/平均职工人数
人均工资	反映企业成果分配状况	工资总额/平均职工人数

上述客户财务能力的五项分析结果可以用雷达图表示出来，如图 8－3 所示。雷达图的绘制方法是：

(1) 画出三个同心圆，同心圆的最小圆圈代表同行业平均水平的 1/2 值或最低水平，中间圆圈代表同行业平均水平，又称标准线，最大圆圈代表同行业水平或平均水平的 1.5 倍；然后，把这三个圆圈的 360 度分成五个扇形区，分别代表收益性、安全性、流动性、成长性和生产性指标区域。

(2) 从五个扇形区的圆心开始，以放射线的形式分别画出相应的财务指标线，并标明指标名称及标度，财务指标线的比例尺及同心圆的大小由该经营比率的量纲与同行业的水平来决定。

(3)把客户同期的相应指标值用点标在图上，以线段依次连接相邻点，形成的多边形折线闭环，就代表了客户的现实财务状况。

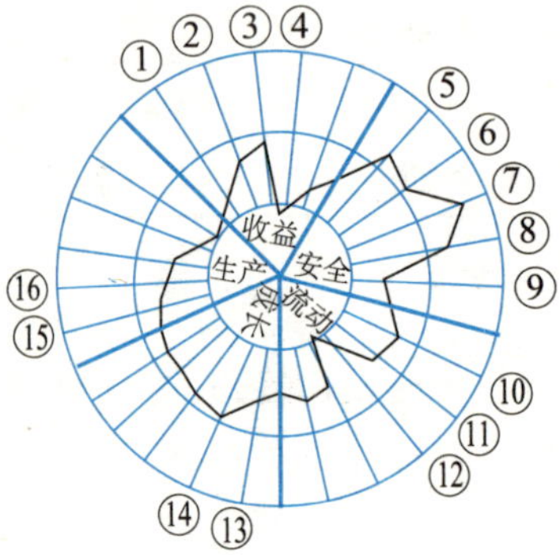

收益性：①资产报酬率、②所有者权益报酬率、③销售利润率、④成本费用率。

安全性：⑤流动比率、⑥速动比率、⑦资产负债率、⑧所有者权益比率、⑨利息保障倍数。

流动性：⑩总资产周转率、⑪应收账款周转率、⑫存货周转率。

成长性：⑬销售收入增长率、⑭产值增长率。

生产性：⑮人均工资、⑯人均销售收入

图 8－3　雷达图分析法

依据上图可以看出，当指标值处于标准线以内时，说明该指标低于同行业水平，需要加以改进；若接近最小圆圈或处于其内，说明该指标处于极差状态，是客户经营的危险标志；若处于标准线外侧，说明该指标处于较理想状态，是客户的优势所在。当然，并不是所有指标都处于标准线外侧就是最好，还要具体指标具体分析。